# 黒幕はスターリンだった

落合道夫

ハート出版

# 黒幕はスターリンだった

落合道夫

はじめに

# 学び、調べる必要性

**【歴史観の不満】**――二十一世紀に入り、大東亜戦争が終わってからすでに半世紀以上が経過した。それにもかかわらず、わが国は近隣諸国から依然として慰安婦や南京事件など近代史を理由に盛んに非難され攻撃されている。

これに対して日本政府は反論せずにひたすら謝罪を繰り返しているが、事態は悪化するばかりである。というのは、国際社会では単なる謝罪は和解どころか「有罪の承認」に過ぎず、逆に攻撃の正当化になるからだ。このため外国では、日本人に対する民族迫害まで始まっている。

しかし、日本はそんなに悪いことをしたのだろうか。いつまでも続く日本非難に「われわれは膨大な賠償を払っている。もともと自衛戦争で敗戦しただけではないか。なぜお前たちはそんなことをいえるのか？」という素朴で自然な反発が生まれている。

**【国際環境の変化】**――そこで絶えず持ち出される「東京裁判史観」をみると、一九四八年に東京裁判で日本を断罪した米国のマッカーサーは、三年後の一九五一年には早くも米議会で、日本の戦争は自衛戦争であったと修正している。自衛は正当だから日本には戦犯は存在せず、処刑された昭和殉難者はみんな冤罪なのだ。そして、国際関係の変化により、当時協力して反日裁判を行った米ソが激しく対立した結果、ソ連は一九九一年に自滅してしまった。これにより当時の機密情報が米ソで公開されるようになると、それまでの歴史や価値観に多くの誤りがあることが分かってきた。

とくに、戦後処理を決めたとされる米ソの「ヤルタ協定」も、米国により否定された。二〇〇五年、ブッシュJr大統領はラトビアでルーズベルトの誤りを謝罪し、被害諸国に陳謝している。これには、満洲でソ連に襲われ固有の領土である北方四島を奪われた日本も入っているのだ。

したがって、東京裁判史観は明らかに時代遅れとなっている。しかしこの重大な事実は、日本が独立したのに国民に隠されてきた。いまだに日本史の教科書は、占領時代のまま日本のアジア解放を侵略といっている。イタリアの哲学者クローチェは、「あらゆる歴史は現代史である」と述べている。過去の歴史が現代の政治に使われるという意味だ。

そこで私たちは、大東亜戦争から今日《こんにち》に至る近代史を日本人の立場で見直し、内外の不当な意見には、はっきりと反論する時機を得たのである。

**【近代史の疑問】**――――これと同時に、国民の間に本当の歴史を知りたいという欲求が高まってきた。たとえば、支那事変は誰が何のために始めたのか。なぜ日本は大陸の戦争に深入りしたのか。なぜ日本は真珠湾攻撃をしたのか。米国は攻撃を知っていたのか。そして、東京裁判とはいったい何だったのかなど、たくさんの疑問が常に提起されている。

**【既刊図書の不満】**――――そこで既刊書を読んでみると、部分的な歴史事件については優れた著作がある。しかし、全体の流れをまとめたものがない。このため、いまだに反日勢力から東京裁判史観を持ち出されても部分的な反論に留まり、戦争全体の視点からの反論ができないのである。

**【総合史の必要性】**――――そこで重要な歴史事件を明らかにし、相互の因果関係を見つけてつなぎあわせ、総合化することが必要になる。

**【気づきの大切さ】**――――歴史研究の原動力は、気づきである。日本の歴史が自分にとって大事な精神の柱であることに気づく。そうすれば自然に関心のある歴史事件から歴史の知識が広がり、全体の歴史の理解を深めていくことができる。

# 近現代史研究の心得

**【日本人の歴史とは何か】**――歴史の素材としての事件や事象は無数にある。その中から日本人の生存と発展に役立つ事件を選び出したものが日本人の歴史であり、それらの事件相互の因果関係を最大公約数的に分かりやすく関連づけたものが日本人の歴史観となる。各国の民族の歴史や歴史観はそれぞれ固有であり、同じものはない。

**【歴史は情報の山】**――歴史は巨大な情報の山である。いきなり個別事件の詳細に入り込むと迷ってしまう。そこで近現代史分析のポイントをいくつか挙げてみよう。

**【歴史の真実とは】**――真実の歴史というが、神ならぬ身の人間には真実は分からない。多くの歴史証言も、まさに「群盲象を撫《な》でる」で、それなりに正しいとしても全てではない。そこで、確実な史実を集めて相互の因果関係を類推し、事件の本質の可能性を狭めていく。当たらずといえども遠からず主義だ。

**【歴史研究の心得】**――①日本人としての自覚、②国際的な広い視野、③戦争を政治として見る高い視点、④総合的な深い洞察、そして、⑤新しい歴史資料への関心を常に心がけてほしい。

**【外交情報の取り扱い】**――――外交では秘密協定や協定時期のごまかし、文書の偽造などがあり、自伝も弁明の書と言われている。そこで歴史研究では、あくまでも事実を最優先にして合理的に推察し、事件の真実に迫る。歴史研究は巨大なジグソーパズルなのだ。

**【事実との符合】**――――大学の歴史研究者は、公表された史実を金科玉条のように取り扱うことが多い。しかし歴史家は、公表された史実でも事実と符合していなければ否定する。これが、大学の歴史研究者と歴史家との大きな違いであろう。

**【戦争分析の方針】**――――本書では、戦争を因果関係で概括し、主要なポイントを挙げて解説する。歴史的事件ではあるが、現代的な意味を考える。また、当時の日本人の勇気と奮闘を知り、犠牲者の慰霊顕彰を忘れない。

**【謀略工作に注意する】**――――歴史情報には史実の隠蔽、歪曲、偽造、二重基準、レッテル貼りがある。第二次大戦は謀略宣伝戦でもあった。戦時中の敵の情報、とくに共産党関係の情報は謀略の可能性があるので鵜呑みにしない。

**【複雑性の理解】**――――①大東亜戦争は日本以外の複数の国の戦争が関係しており、非常に複雑である。だから、同時進行中の事件に目を配る。

②「事件に偶発なし」米国大統領ルーズベルトは、「政治の世界では何事も偶然に起

こるということはない。すべては仕組まれているのだ」と語ったという。考えてみれば人間のやることだから当然である。

③「開戦時に衝突なし」衝突というのは開戦側の責任転嫁や隠蔽表現である。支那事変、ノモンハン事件、朝鮮戦争が良い例である。

**【イデオロギーとプロパガンダ】**――――①「政治宣伝」近代史は史実だけでなく、用語や価値観、論理までが反日イデオロギーにより歪曲されているので注意しよう。たとえば、歴史論に傀儡《かいらい》国満洲、日本軍国主義などの客観性のない党派的イデオロギー用語が多数混入している。

②「政治思想の理解」人間は現象を概念、価値観、論理によって考えるが、二十世紀はイデオロギーの時代といわれ、政治思想により価値観や論理が操作され正当化された。したがって、当時の歴史を理解するには主要な政治思想である共産主義、民主主義、民族主義、ファシズム、ナチズムについて、その概要を知っておくことが必要である。

歴史用語についても知っておきたい。

**【大東亜戦争とは】**――――第二次大戦のうち日本に関係した戦争をいう。その内容は支那事変、日米戦争、アジア解放戦争、日ソ戦争である。日本の歴史と世界への影響をみると空前絶後の巨大な戦争である。

**【支那、中国、中共の区別について】**——日本人の間に支那と中国をめぐり用語表現に混乱がある。支那は固有名詞、中国は世界の中心という普通名詞である。中共を中国と呼ぶと、自動的に華夷《かい》秩序に組み込まれ日本は東夷ということになる。したがって現代の中華人民共和国は「中共」と呼ぶのが良いだろう。とくに日本は国内に中国地方があるので混同を避けるべきである。日本の歴史研究は基本的に歴史的な名称をそのまま使うことが大切である。考古学における遺跡の復旧保存と同じである。

近代史では「中国」呼称の乱用による概念の混乱を避けることも大切である。たとえば、支那事変当時の複数の政治勢力を一律に中国と表記すると区別ができなくなるので、それぞれの軍閥の固有名称で正確に区別する。

**【ソ連とロシアの区別】**——ソ連は共産党支配時代のロシアのことである。帝政ロシアを滅ぼして一九二二年に成立したが、一九九一年に七十年の暴政の結果、自滅した。ソ連は共産党の独裁者スターリンの国民迫害、強制労働制度などその公然たる犯罪政治により、伝統的ロシアとは区別される。

**【歴史資料の引用と注意】**——本書では筆者が参考にした歴史情報や読者に知っておいてほしい歴史資料を紹介してあるが、原文は長いので抜粋要約した。

したがって文責は筆者にある。正確には原本を読んでいただきたい。

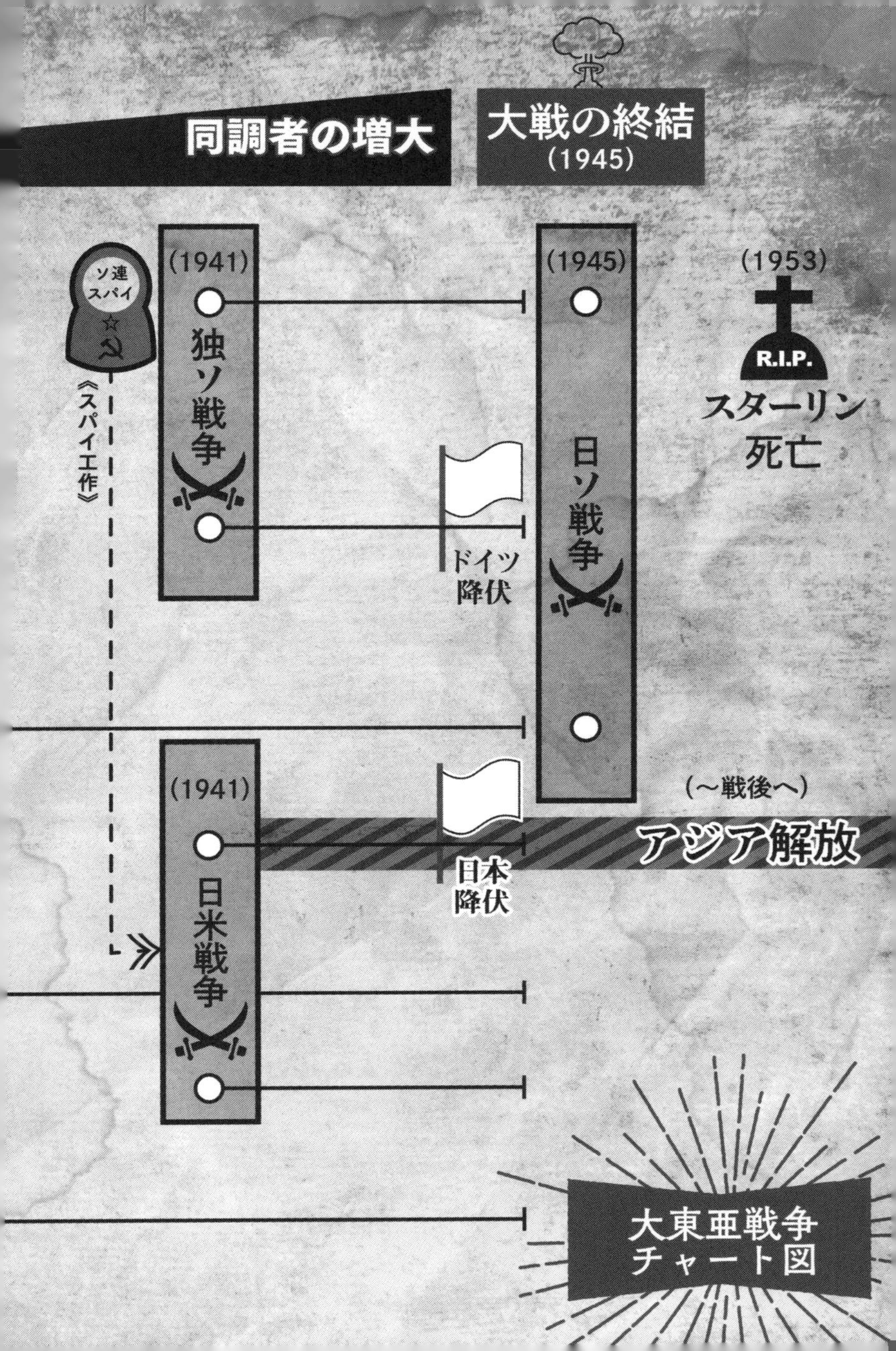

同調者の増大
大戦の終結
(1945)
(1941)
ソ連スパイ
独ソ戦争
《スパイ工作》
ドイツ降伏
(1945)
日ソ戦争
(1953)
R.I.P.
スターリン死亡
(1941)
日米戦争
日本降伏
(～戦後へ)
アジア解放
大東亜戦争チャート図

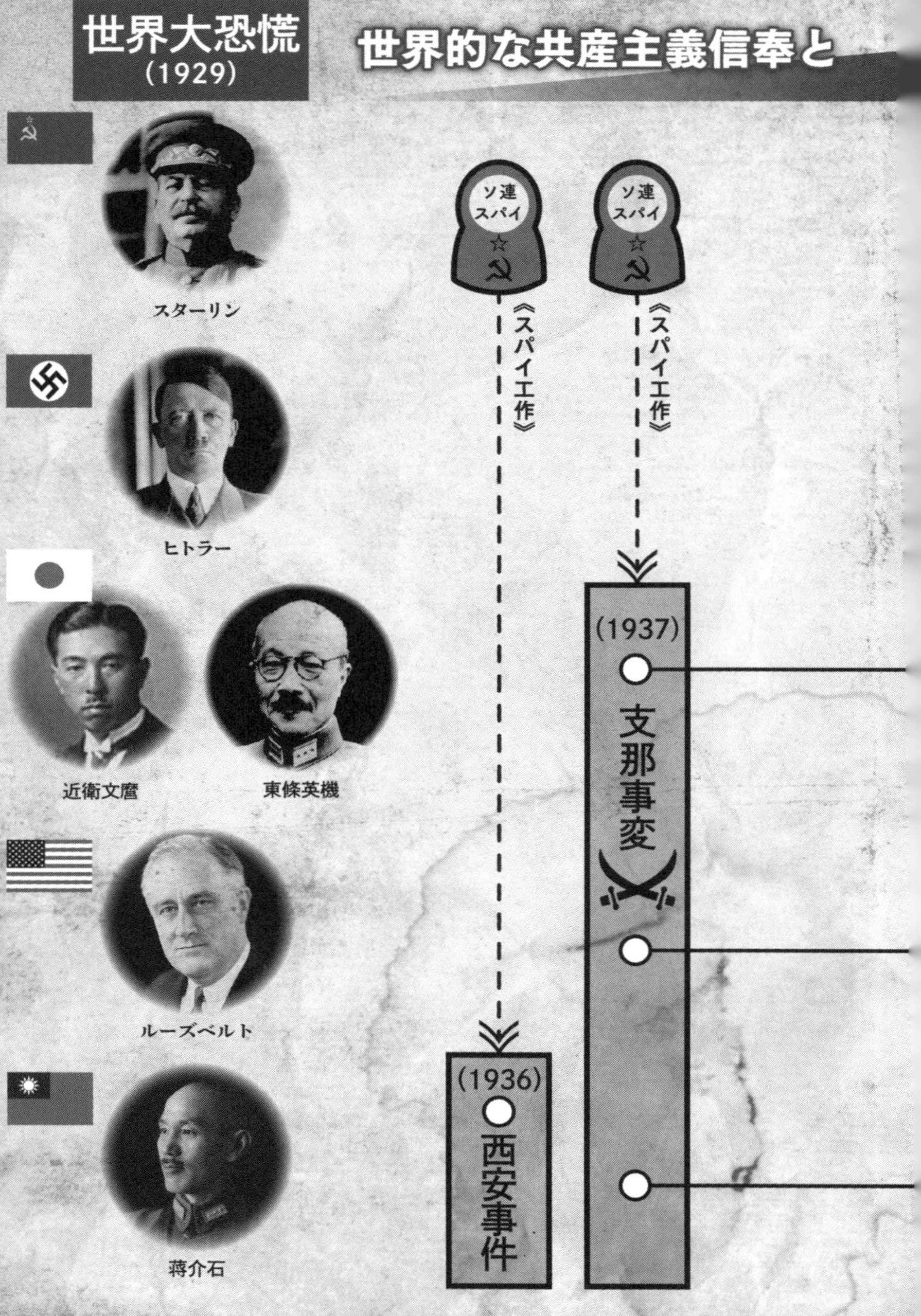
世界大恐慌
(1929)
世界的な共産主義信奉と
スターリン
ヒトラー
近衛文麿
東條英機
ルーズベルト
蔣介石
ソ連スパイ
《スパイ工作》
ソ連スパイ
《スパイ工作》
(1936)
西安事件
(1937)
支那事変

◉目次――『黒幕はスターリンだった』

序章

# 共産化とスターリン

# 大戦の原因論とアジアの不安定要因

チャーチル

**【概要とポイント】**――第二次世界大戦は人類史上、最大規模の戦争であった。中心はヒトラーのソ連征服戦争であったが、このための予防戦争としての（ソ連が仕掛けた）支那事変、便乗としての米国の対日戦争、日本の反撃によるアジアの解放戦争、そして火事場泥棒的な日ソ戦争が発生した。

これらの大戦争の結果、戦後アジア、アフリカの植民地が独立するなど不可逆的な大変化が起き、今日の世界を作ることになった。しかし同時にそれは、世界に新しい国際問題を起こし、今日の対立紛争の原因になったのである。

ポイントは原因論、時代背景論、各戦争の経過論、終戦と新しい国際問題である。

**【原因論】**――英国のチャーチル元首相は第二次大戦の遠因を、ドイツを過酷に懲罰して恨みを買った第一次大戦の終戦処理の失敗に求めているが、より直接的には一九二九年の米国の大恐慌に原因を求めることができるだろう。大恐慌は第一次大戦後の経済復興が進んでいた世界を挫折させ、新たに第二次大戦を引き起こす次の二つの大きな動因を生み出した。

①「ヒトラーの台頭」ドイツ経済の崩壊は七百万人もの失業者を生み出し、政治・社会が大混乱したため、ナチス党が台頭し、ヒトラーを首相に押し上げた。

②「共産主義者の拡大」西側の高学歴者は大恐慌をマルクスの予言が的中したものと誤解し、世界中で共産主義とソ連への信奉者が爆発的に増加した。このため一九三〇年代は「赤い十年」と呼ばれたほどである。

【二大原因の大戦への影響】――前者はヒトラーを警戒するスターリンの国際謀略工作を発動させ、後者は各国政府の中枢に高学歴のソ連スパイを入り込ませ、スターリンの指示を受けて政策を反日化し、ソ連の対独東部国境戦略であるアジアの支那事変を、そして日米戦争を起こす原因となったのである。

【アジアの不安定要因】――一九三〇年代のアジアには、以下のような重大で不安定な政治・社会状況があった。これを背景に大東亜戦争が発生したのである。

①「白人植民地主義」今からみると想像できないが、アジア、アフリカは白人国が植民地にして支配していた。その中で日本は最後の独立国として健闘していたので、有色人種からは希望の星として頼りにされたが、白人国からは邪魔な国として憎まれていたのである。

②「米国の満洲進出欲」米国は西部開拓を終えると太平洋に進出してハワイ、フィリピンを領

有し、さらに支那大陸、とくに満洲への進出を企図していた。これが満洲国の建国で先行する日本と衝突したのである。

③「支那の混乱」支那は一九一二年に満洲人の清朝の滅亡により統一権力が失われ、軍閥が抗争する群雄割拠の状態が続いていた。これは支那人の復権の機会となったが、外国の工作の場ともなった。日本も日露戦争の結果として大陸に利権を持っていたので、とくにソ連の極東工作に巻き込まれることになった。

④「独ソ戦」これは大東亜戦争を起こした第二次大戦の最大の原因の一つである。スターリンはドイツの侵略に備えて、東西挟撃を避けるべく東部国境の安全を図るために対支那工作、対日工作を展開したのである。このため日本も蔣介石《しょうかいせき》も本来は反共であったが、スターリンの巧みな陰謀工作で支那事変の泥沼に引きずり込まれてしまったのである。

# 独裁者スターリンとは

スターリン

**【日本人の認識度】**——現代の多くの日本人はスターリンを知らない。二十世紀のソ連の独裁者であったというくらいの認識だ。しかし彼の事績を調べていくと、大変な政治家であったことが分かる。だが、彼は自分の統治の犯罪性を知っていたためか、自分の役割を目立たないように隠したので、一般には知られていないのである。

**【唯一の勝利者スターリン】**——第二次大戦の勝利者について、米国支那派遣軍司令官のウェデマイヤー将軍は次のように述べている。

「スターリンはルーズベルトやチャーチルが戦略を持っていなかったのとは違い、ナチスドイツを破壊するだけでなく、ほかに目的を持っていた。スターリンは戦争で勝利をおさめるだけでなく共産化の有利な条件を作り出そうと考えていたので、彼だけが戦争の真の勝利者となった」(『第二次大戦に勝者なし　ウェデマイヤー回想録』講談社学術文庫)

**【スターリンの戦略で歴史を解く】**——そこで、大東亜戦争の謎を解くためにスターリンの戦略を柱に歴史事件の流れを辿っていくのは、この大戦争の因果関係を分析する有力な方法と思われる。ヒトラーやルーズベルトなど他の指導者もそれぞれに戦略や思惑を持っていたが、結局スターリンに滅ぼされるか、あるいは妨害されて目的を達成することができなかったからだ。

**【スターリンの工作】**———事実、一九九一年のソ連の崩壊でソ連時代の機密情報が公開されると、元KGBの幹部が、「あの、日本を追い詰め日米開戦の契機となった米国のハル・ノートの原案はソ連製だった」と発表した。一方、米国から発表されたソ連スパイの通信解読記録（べノナ文書）によると、驚くなかれ、ソ連の対日攻撃を決めたヤルタ会談ではルーズベルト大統領の政府高官として出席したアルジャー・ヒスは、ソ連のスパイだったのである。

**【スターリンの業績と大勝利の謎】**———ソ連共産党の独裁者スターリンは、一八七九年（明治十二年）帝政ロシア統治下のコーカサス地方のゴリという小さな町で、グルジア人の農奴階級の極貧の家庭に生まれた。民族的にはロシア人ではない。したがって、本来なら辺境で一生、名もなく貧困な生活を送ったはずである。

それが、第一次大戦末期の帝政ロシア崩壊の大動乱と共産主義クーデターの勝利によって歴史の表舞台に躍り出て、全ロシアを支配しただけではなく、米英を操り、ナチスドイツと戦前の日本を滅ぼして第二次大戦で最大の利得を獲得した。そして欧州とアジアに多数のソ連の衛星国を作り、悪の独裁支配により無数の人々を苦しめ滅ぼし、全世界に大きな災いを招いたのである。

**【謎に満ちた人物】**――――スターリンは非常に謎に満ちた人物であり、A・アフトルハーノフは次のように述べている。

「スターリンは雄弁家でも理論家でもインテリですらなかった。しかしスターリンは党内の敵はいうに及ばず、ルーズベルトやチャーチルのようなそれぞれの国では英雄と仰がれる人を丸めこみ、彼らの助けを得て自らの体制を救っただけでなく、これらを使って共産主義の水門を大きく押し広げた。その結果、三つの大陸に十三の共産主義国家（含ロシア）が誕生し、人類の三分の一以上を共産化することを可能にしたのである。

こうした数々の勝利の秘密はどこにあるのだろうか。この教養の乏しい人物はどのような魔法を使って、かくも的確に、誤りなく敵を倒してきたのだろうか。二億の国民をこれほど揺るぎなく服従させ、その心身を引き裂きながらなお悪を善とし、虚偽を真実とし、専制を至福として賛美させ、自分を慈愛に満ちた神として賛美させることが出来たのか」（抜粋要約『スターリン暗殺事件』A・アフトルハーノフ著　早川書房）

**【卓越した人間】**――――ソ連問題専門家のヴォスレンスキーは次のように記している。

「スターリンは疑いもなく生まれながらの大政治家であった。彼には驚嘆すべき意志力、早くから見られるサディズム、信じがたい組織力、冷血のマキャヴェリズム、人民に分からせる表現能力、粗暴さ、自己中心その他の特性を見ることが出来る。彼は政治交渉では初心者の愚かな思い付きを面白がる巨匠のように、偉大さの高みから相手の下手なチェスの駒《こま》の動きを軽蔑して見下していた。ヤルタとポツダムの議事録を見ても、彼が老いぼれたルーズベルトのみならず老獪なチャーチルをも手玉にとっていたということが分かる。スターリンが歴史に名を残したのは正当である。彼は諸民族の記憶に長く留まるであろう」

**【恐ろしい人間】**――――また、次のようにも記している。

「私は八四歳になったソビエト時代の外交官の最長老の一人でありソビエト外務次官を務めたイワン・マイスキーを訪ね、『あなたはスターリンを何年にもわたってよくご存知でしたね』と語りかけた。『彼の性格についてどう思われますか?　どんなタイプの人でしたか?』。すると快活な目が急に真剣になり思いがけない甲高い声で彼は答えた。『恐ろしい人間だ』」（抜粋要約『ノーメンクラツーラ』ヴォスレンスキー著　中央公論社）

**【大悪魔】**――――ブハーリンの未亡人アンナ・ラーリナの回想。

「一九二八年八月、父（共産党高官）がチフリスの共産党の会議に招かれたので私と母は現地で休暇をとるため同行した。ある日、父と当時グルジアで有名だった共産党の文筆家ドドウリヤがリカヌイの公園のベンチで並んで座っていた。すると彼は、私がいる前で次のように言った。『あなたたちロシア人はわれわれグルジア人ほどスターリンを知っていない。彼はわれわれすべてにあなた方が想像も付かないようなものを見せてくれるだろう』と。グルジアは素晴らしい景勝地であるが恐ろしい大悪魔を生んだのである。ブハーリンはソ連共産党の最高幹部の一人であったが失脚し、スターリンになぶり殺しにされた」(『夫ブハーリンの想い出』岩波書店)

## 【スターリン評価の変転】

――――スターリンは生前、「自分の墓は死後、落ち葉に覆われるだろう。しかし、歴史の風がそれを吹き飛ばすであろう」と述べたという。悪評を受けても後に再評価されるという意味である。事実、ソ連では一九五六年にフルシチョフのスターリン批判によりその事績が否定されたが、二十一世紀に入ると早くも一部ではあるがスターリンの再評価が叫ばれている。人間の弱さと愚かさを知り尽くしたスターリンの言葉が思い起こされる。欧米ではスターリンの研究は死後百年してから始まるといわれている。それほど大きな影響を世界の歴史に与えたのである。

## 【スターリンの挿話】

――――スターリンは血の凍るような恐怖でソ連人を支配した。スターリンの最高幹部フルシチョフ(後、首相)の語った挿話をいくつか紹介しよう。

最高幹部会で欠席している者がいた。しかし、なぜ彼が欠席しているのか、スターリンに聞く勇気のある者はいなかった(逮捕されていた可能性があった)。

よく宴会があったが、スターリンが踊れといえば、頭の良い男は踊った(フルシチョフ自身も太った体で死ぬ思いをしてコサックダンスを踊った)。

私は旅先のスターリンから呼ばれることがよくあった。宴会は豪勢であったが苦痛でたまらなかった。いつ殺されるか分からなかったからである（猛獣と隣席するようなものか）。

チャーチルは一九四四年のモスクワ会談の際、農業集団化の犠牲についてスターリンに聞いた。するとスターリンは、「一人の殺害は犯罪だが、百万人の死は統計に過ぎない」と答え、チャーチルはゾッとしたという。

第一章

# 世界大戦前夜、各国の思惑

# ソ連

レーニン

**【帝政ロシアの滅亡とソ連の成立】**――――ロシアは十七世紀以来ロマノフ家の専制政治が続いていたが、十九世紀に入ると文学や音楽など芸術が花開いた。二十世紀に入ると農奴制が廃止されるなど政治社会改革が始まった。しかし、改革の成果が上がりだしたところに運悪く第一次世界大戦が発生した。そして一九一七年、戦争の社会混乱に乗じて、レーニンの指揮する暴力主義の共産党がクーデターを起こした（ロシア革命）。そして残酷な内戦の結果、皇帝一家を処刑し、最終的に政権を乗っ取り、一九二二年にソ連を成立させた。

**【スターリンの勝利】**――――共産党がロシアの権力を握ると、すぐにレーニンが病死した。すると党内で幹部間の権力闘争が始まり、結局スターリンが勝利した。スターリンは肩書こそは一介の党書記長で偽装していたが、実際にはロシアの皇帝に代わる全能の神として全ロシアに君臨した。そして党や軍部の競争者や邪魔になった共産主義者、宗教関係者、異民族などを家族もろとも逮捕して処刑、あるいは強制収容所へ送り込むなどした。

国内政策では五ヵ年計画により重工業化と軍事強国化を進めた。しかし、共産主義体制下では財産保有が禁止され生産能率が上がらないので、国民奴隷制を導入した。そして全土に多数の強制収容所を作り、数百万の無実の人々を逮捕し、長期にわたる強制労働を課した。このため一九三〇年代のソ連社会は、いつ逮捕されるか分からない不安と恐怖のあまり、人々はまるで精神病院にいるようであったと邦人旅行者が記している。

**【海外工作】**――――当時、海外には大恐慌の影響で共産主義に希望を抱く理想主義者が多数いたので、スターリンは彼らをスパイや工作員に使い国際工作に役立てた。

**【アジア政策】**――――ソ連は一九二一年、政権樹立後すぐに支那に共産党を作り、国民党の国内統一を妨害し、ソ連の東部国境工作に利用した。

**【ソ連の日本敵視】**――――ソ連は共産主義という破壊思想からも、また隣国という地政学的な関係からも日本を敵視し、共産主義思想を日本社会に浸透させた。ソ連政権成立直後の一九二三年には早くも、日本では皇太子時代の昭和天皇に対して共産主義者の難波大助による「虎ノ門皇太子暗殺未遂事件」が起きている。米国大恐慌による三十年代の西側世界の左翼ブームは日本も例外ではなく、多くの良家の高学歴者が共産主義に傾倒し、公安警察の取り締まりでは当時のエリートである帝国大学生からも多数の検挙者を出している。難波大助も父が代議士であり、当時の上層階級の出身であった。

**【ドイツ警戒】**――スターリンは、一九三三年にヒトラーが登場すると警戒心を高めた。彼はヒトラーの『わが闘争』を翻訳させ読んでいた。

**【ソ連の軍事力強大化】**――スターリンは五ヵ年計画により重工業の振興を図り、赤軍の軍事力を飛躍的に増強した。その結果、極東ソ連軍の常備兵力は日本の三倍以上に達し、航空機、戦車、重砲などの数量も日本軍をはるかに凌駕するものとなった。このため日本軍はソ連を強く警戒した。

**【スターリンの極東戦略】**――スターリンは西部のナチスドイツと挟撃されることを避けるために、最重要戦略として東部国境の二大反共勢力である蒋介石と日本の無力化を狙った。それが得意の漁夫の利を図る両者の戦争工作であり、支那事変になったのである。

## 米国

ルーズベルト

**【理解しにくい日米戦争】**――現代からみると日米戦争は分かりにくい。というのは、原爆を落としたのは米国だが、その後は日米安保で日本を守り、米国の巨大な市場を開放してくれたのも米国だからだ。現在の日本人の生存と豊かな生活は米国のおかげである。戦前の日本は親米的であり、米国産業界にとっても世界第三位の、問題を起こさない上得意の輸出国であった。それなのになぜ戦争になったのか。

しかし米国の対日政策の動機は、あくまでも自国の国益追求である。戦前は米国の大陸進出政策のため、そして戦後は冷戦がテーマであった。そして今は、中共と北朝鮮対応である。国際関係は擬人化され人間的な感情表現で宣伝されるが、非人間的な動きなので見誤ってはならない。

**【人種差別の米国】**――戦前の米国は民主主義国を標榜していたが、世界最大の人種差別国家でもあり、人種別に政治思想を使い分けていた。すなわち、白人には民主主義、黒人には人種差別主義（千三百万人が無権利状態）、そしてアジアには傲慢な白人優越主義と植民地主義で臨んでいた。これは本国では決して見せない米国人の正体である。したがって、戦前の米国人の民主主義を使った偽善的な主張を額面どおり受け取ると、狙いを誤解するので注意が必要である。

**【米国の植民地主義と支那進出欲】**――米国は十九世紀末までにはすでにハワイ、フィリピンを武力占領していた。米国の次の目標はジョン・ヘイ長官の「支那門戸開放・機会均等宣言」にみられるように満洲支那への進出であった。この宣言は米国の支那進出確保と、平等名目による日本等の先行国の既得権益の削減を狙ったものである。

**【ワシントン体制】**――一九二二年、ワシントン軍縮条約が結ばれた。これは表向き支那の保護を名目にしていたが、本音は米国の支那権益の確保だった。このため米国は蔣介石が革命外交と称して国際条約の一方的な廃棄侵犯を始めると、先行国の既得権が崩壊するので歓迎した。そこで蔣介石は、米国の野心を見抜き、これを利用した。

しかし米国は支那の暴走には甘い一方、協定を守る日本に対して不公平に厳しく当たった。これを見て支那に詳しい米国の外交官は、「ワシントン体制を一番よく守ったのは日本、破壊したのは米国である」と批判し、本国の誤解を憂慮した。いずれ支那人の攻撃の矛先が米国に向かってくるからである。

**【ルーズベルトの日本敵視】**――ルーズベルトは一九三三年に大統領になると、日本が米国産業界の上得意の国であったにもかかわらず、日本を敵視した。日本は必死に日米友好に努めたが、米国の反日方針は変わらなかった。

この第一の理由としては、米国の支那政策の邪魔であったことが考えられる。すなわち、満洲に先行する日本は米国の支那満洲進出戦略にとり敵であった。このほかに白人の世界支配の邪魔、人種偏見、蔣介石の工作成果、また歴史文化的な敵意があったと思われる。

**【米人外交官マクマリーの慧眼】**――しかし米国には北東アジアをソ連、支那、日本の勢力の拮抗する場と見て、米国の介入を避けるように主張する意見もあった。極東専門家の元外交官のジョン・マクマリーは一九三五年、国務省の極東部長ホーンベックの求めに応じて対日政策の意見書を提出した。その要点を挙げると次のようになる。

①米国がこのまま日本に反対の立場を徹底的に主張すると戦争になる。

②米国が日本に勝利しても極東ではその空白にソ連が勢力を拡大し成果を独占するだろう。

③日本は狭い海を隔てて強力なソ連と対峙しており、支那市場は貧しい日本にとって死活的。国土が安全で自給できる米国とは環境がまったく違う。このため米国の妨害行為は憎まれる。

④対日戦争は何の利益もなく、双方に巨大な犠牲と危険を伴うだけなので、絶対に戦争は回避すべきである。

この提言は駐日米国大使グルーが激賞したが、採用されることはなかった。しかし、戦後の展開はソ連の拡張、中共の支那統一と米国の支那撤退が起き、マクマリーの予測どおりとなった。

（『平和はいかに失われたか』ジョン・マクマリー著　原書房）

**【反日宣伝】**――ルーズベルトは日本敵視を煽《あお》った。このため日本を知らない米国民は狂ったように日本を憎み、反日ヒステリー状態となった。しかし、日本人はこのような恐ろしい状況が米国で起きていることに気づかなかった。この裏には米国に浸透したソ連による米国マスコミや映画界の反日工作があった。

**【吉田元首相の戦前反日体験】**――これを読むと当時の米国社会の激しい反日ヒステリーぶりが分かる。

「一九三四年か、米国でニューヨーク・ヘラルド・トリビューン紙の社主ミセス・リードを訪ねると、『あなたは、日本人がいかに評判が悪いか知っているか』という。『ニューヨークの店で日本の商品を売っている店は一軒もない。それほど悪いのだから気をつけなさい』。これは親切で言ってくれたので決して脅かしではない。また、海軍長官のアレクサンダー氏を訪ねると、丁度ハーバード大学のラウェルという教授が入ってきて私に、『日本政府の声明のような嘘八百のものは見たことがない』と怒鳴る。仮にも英国大使の格で訪問しているのに大学の総長にこういう調子で喧嘩を吹っかけられたので私も反論し、結局喧嘩別れしてしまった。ワシントンに行っても厚遇されなかった」（『大磯清談』吉田茂、吉田健一著　文芸春秋新社）

**【米国宣教師の反日姿勢】**――米国では十九世紀から支那人のキリスト教化運動が大規模に行われており、支那には多くの宣教師が送られていた。南米のように宗教で支配しようとしたのである。しかし宣教はうまくいかず、宣教師は支那で反キリスト教暴動が起こると、安全な日本に避難した。しかし、日本人は異教の上に誇り高く、白人に追従しないので嫌い、危険であっても追従する支那人を好み、米国の反日の温床となったのである。

## 支那の混乱と内戦

蒋介石

**【軍閥の抗争】**――支那では一九一二年、二百五十年続いた満洲人の清朝が滅亡すると、支那人の軍閥（私兵徴税集団）が各地に割拠し抗争を続けた。その中で孫文《そんぶん》と蒋介石の率いる民族主義の国民党軍閥が次第に有力になった。しかし支那には統一国家はなく、「中華民国」といっても実態は孫文らの独裁する一軍閥に過ぎなかった。

**【ソ連の介入】**――これを見たソ連は一九二四年、孫文を騙《だま》して支那共産党を国民党に合体させ国民党を組織ごと乗っ取ろうとした。これが第一次国共合作である。しかし、「中山艦《ちゅうざんかん》蒋介石拉致事件」の失敗で蒋介石に警戒され、一九二七年からは蒋介石と毛沢東《もうたくとう》との国共内戦が始まった。戦局は蒋介石の優勢に推移し、毛沢東は辺境を逃げ回った挙げ句、延安に追い詰められソ連へ飛行機で脱出する準備を終えていたという。このため一九三六年十一月の蒋介石は「支那統一最後の五分前」といわれていた。

**【蒋介石の方針】**――蒋介石は日本とは共通の反共方針から協力していた。国民党幹部には日本の陸士卒業生もおり、蒋介石も宋美齢《そうびれい》との新婚旅行に日本の有馬温泉に滞在したほどであった。蒋介石の方針は「安内攘外《あんないじょうがい》」といって、支那の統一を最優先し、その後に外国の勢力を追い出すという常識的なものであり、日本については「日本は皮膚病、中共は命取りの心臓病」といって中共を最大の敵として警戒していたのである。

## ナチスドイツと極東政策

Wikimedia Commons
ヒトラー

**【独軍事顧問団】**――一九三七年、蒋介石は国共内戦でソ連と対立すると、それまで雇っていたソ連の軍事顧問団を追放し、代わりにドイツの軍事顧問団を雇用した。ドイツ側の狙いはドイツの兵器や工業製品を販売し、ゴムやタングステンなどドイツで採れない天然資源を輸入することだった。

**【ヒトラーの戦略】**――しかし、一九三三年にヒトラーが首相になると、将来のソ連攻撃戦略として東西挟撃を構想し、極東の反共勢力である日本と蒋介石を強化しようとした。このため独軍事顧問団は積極的に蒋介石軍の近代化を進め、ドイツ式の軍備・兵器で蒋介石軍を装備したのである。こうした軍事、貿易関係からジョン・ラーベがシーメンス社の代表として南京に駐在し、独人のソ連スパイ、ゾルゲが上海に独の通信社の通信員として駐在していたのである。大戦前夜には国共内戦の討伐作戦が成功したので蒋介石は独軍事顧問団を厚遇していた。ヒトラーは日本に対しても友好的であった。

## 戦前の日本

近衛文麿

**【疑問】**――――戦前の日本は戦後全面的に否定されたが、私たちの親の話では、今より人々が信頼し合い落ち着いた良い社会であったという。本当はどんな時代だったのだろうか。

戦前の日本は世界的にみると、有色人種の最後に残された独立国であった。政治的には英国同様に君主を戴く立憲君主国であり、普通選挙を実施するアジア唯一の民主主義国家であった。歴史的にみると二千年以上にも及ぶ万世一系の天皇を戴く独自の国家であり、これは今も変わらない。

**【海外発展】**――――日本は明治維新以来、アジアに進出する列強国に包囲されて極めて危険な国際環境にあったが、国民が心をひとつにして団結し、必死に独立を守ってきた。しかし日本には有用な資源がなく、常に人口過剰の問題を抱えていた。このため北米、ハワイなど海外に移民した。その後、日清戦争、日露戦争の勝利により台湾、朝鮮、南満洲、南樺太《からふと》が国土に加わったので、多くの日本人が外地に移住し産業開発を進めた。

日本には生糸《きいと》以外に付加価値の高い輸出品はなく、国家の経済力は当時の欧米に比べると、はるかに弱かった。このため国防力も軍事費が少なく、必須の石油や鉄の資源がないので、世界では日本の国防力はCクラスと見られていた。

**【大不況】**――日本は過剰人口に悩む資源のない国だったので、一九二九年の米国発の世界大恐慌の影響を受けると大不況に陥《おちい》り、満洲の開発に力を入れていた。対米関係は貴重な貿易相手として常に友好を心がけており、米国産業界にとっても支払いで問題を起こすことのない上得意の輸出先であった。国民は今よりはるかに貧しかったが、強く連帯し、国民の愛国心・道徳心は世界一、識字率も世界一であった。科学分野では優れた発明発見が行われ、文化面でも多くの文学、美術、音楽などの優れた作品が生まれ、今日も私たちを楽しませてくれている。したがって若い人は、戦前の日本に大いに自信と誇りを持ってよい。戦前の日本非難は虚偽であるから騙されてはならない。

**【天皇崇敬の意味】**――天皇は日本の有史以来続く日本民族の正統性の象徴である。日本人が何か分からなくても、正しいものの存在を信じる気持ちの源は天皇にある。だから、天皇を失えば暴力や金の支配する世界となり地獄となる。日本人は心に天皇の存在があるので、混乱時に外国人のような略奪行為をしないのである。天皇を戴くことが日本民族が諸国民から貴族的とみられる理由である。

**【家制度】**――――戦前の日本では国民は家族と国家を維持する二つの社会的な義務を負っていた。それが国防制度と家制度である。国防は近代国家共通の徴兵制度である。家制度は日本人の太古から守り続けてきた先祖崇拝を柱に両親、血族を守り維持し発展させるシステムである。その家の責任者を長男と決めて両親介護の義務と相続権を与え、先祖を守り両親と弟妹の面倒を見させるのである。これは義務であったから怠慢は許されなかった。他の兄弟姉妹は責任者に協力する。これは国民が政府に依存せず民族の生存と連続性を維持するため、家族の力を最大に活用した伝統的で合理的な社会制度であった。戦後、日本解体を狙う占領軍左翼により破壊されたが、日本人の生老病死《しょうろう》の大原則と生存環境が変わらない以上、代替はできない。このため今、家族崩壊など日本社会に混乱が起きているのである。

**【教育勅語】**――――これは数千年にわたる日本民族の道徳、価値観をまとめたものである。明治になって作られたものではない。この価値観を全国民が暗記して身につけることにより、日本人は世界一高い道徳国家を作ることに成功した。教育勅語は戦後に禁止されたが、キリスト教の十戒、イスラムのコーランに匹敵する不滅の徳目なので、そのまま暗記して身につけ、後代に伝えることが必要である。

## 日本軍

東條英機

**【国防制度】**――――戦前の日本には戦後の自衛隊とは違う、義務制の国民軍があった。全ての男子は徴兵制度により二十歳になると、学歴や貧富の別なく平等に二年間の徴兵訓練を受けてから社会に出た。このため全家庭が国防に関係し、軍人は父であり兄であり弟であったから、軍隊と国民の間は極めて親密であり、軍人には深い敬意と強い信頼感があった。

小生の老母も小学二年の時に東京赤坂の日枝神社で休憩中の近衛《このえ》第三連隊の兵隊さんからリンゴやお菓子をもらった幼時の楽しい思い出を語っている。

**【海外領土】**――――戦前の日本は日清戦争、義和団事件、日露戦争、第一次世界大戦などの結果、海外に領土を持っていた。これらの領土は白人のアジア植民地とは異なり、本国の隣接地域であり、強国から自衛する緩衝地帯の役割を持っていた。支那には領土を持っていなかったが、治安が悪かったので居留民の保護のため、義和団事件の結果締結された一九〇一年の北京議定書により、北京地域に米英仏伊とともに平和維持軍を派遣していた。それが一九三七年、盧溝橋《ろこうきょう》で蒋介石軍に攻撃を受けるのである。

【支那人の外国排斥】――――支那の歴代王朝は自国を世界の中心と考えており、支那人には平等という観念はなかった。このため、国際協定を結んでも相手が弱いと見ると武力で破棄する悪弊があった。これにソ連や米国のそそのかしがあったので、当初は英国、ついで日本が蒋介石の外国人迫害の標的となった。

【外地の在留日本人少年から見た日本海軍】――――支那の青島に住む日本人医師の子息の記録（『「在中二世」が見た日中戦争』若槻泰雄著　芙蓉書房出版）から抜粋要約する。戦前、支那では、日本人は支那人から激しい民族迫害を受け、一般居留民に多くの犠牲者を出していた。

「日本人は戦前、個人の軍人を海軍さん、陸軍さんと呼んでいた（呼び捨てにしない）。それは親しみと感謝の表れであった。外地では（日本人迫害）事件が起きると駆けつけてくれる頼もしい存在であった。青島には日本連合艦隊が居留民保護の示威《じい》のため入港することがあった。小型の軍艦に続いて航空母艦など大型の艦船が見えてくると、日本人学校の生徒は興奮して窓に取り付き授業にならなかったほどである。

日本人居留民家庭は、上陸する水兵を迎え家を開放して休息させた。筆者の家では風呂を提供して大層喜ばれた。我が家で話題になったことがある。それは延べ百人以上も入っているにもかかわらず桶や腰掛は隅のほうにきちんと整頓されているし、浴槽のお湯もほとんど汚れていなかったのである。風呂の清潔さにうるさい父がいつも感心していた」

**【規律正しい日本兵】**――――「日本の水兵が市中を行進する際はただの一人も横を向いたり私語をするものもなく、整然とした勇姿は現地（支那）の警察とはケタ違いに立派に見えた。戦前には兵隊さんは男の子にとってあこがれの的であった。米国の艦隊もやってきた。大型艦の後ろには一隻の客船が随行しており、慰安婦（売春婦）が乗っているといわれていた。米海軍の水兵が上陸すると大柄の（外人の意味）女たちが町にあふれた。父の医院には水兵が性病の治療でやってきたが、振る舞いは無作法で上官との関係も敬礼する水兵は皆無だった。来航した米国の軍艦は日本の軍艦よりも小さい上、日米海軍の規律の違いを実感していた自分には、日本海軍が米国海軍に負けるなどとは思いも及ばないことであった」

**【天津の日本少年の思い出】**――――（『天津の日本少年』八木哲郎著　草思社）から抜粋要約する。著者は父が大商社に勤める駐在員家庭で少年時代を過ごした。

「（一九三七年七月の、盧溝橋事件の後、通州事件と天津攻撃の直前）午後おびただしい日本軍の隊列が行進してきた。日本人会の婦人部が早速、麦茶やお絞りのサービスを始めた。我が家にも四人の軍人が泊まった。三十歳くらいで無口な准尉《じゅんい》、年配で気さくな伍長《ごちょう》、そして若い一等兵と二等兵は私たちの相手をしてくれた。父は一等兵が郷里に近い出身だったのでことのほか嬉しそうだった。兄と私は重みのある艶々とした三八式歩兵銃を触らせてもらい、興奮のしっぱなしだった。兵隊たちの泊まったのはわずか一日だったが、彼らが残していった汗と革《かわ》の匂い、敬礼するとき踵《かかと》を思いっきりぶつける音、大仰ではきはきした兵隊言葉、こういうものが私の中で兵隊のイメージとなって長く残った」

**【漢口日本人迫害事件と邦人保護】**――一九二七年、国民党軍が武漢を占領すると日本人への迫害が始まった。日本人の商店や住宅が暴徒に襲われた。このとき著者の両親は自宅で現地支那人の襲撃を受けたが危機一髪、脱出に成功した。以下は著者の母堂の話である。

その日は日曜日だったので桜を見に行き、夕食の支度をしていると急に表が騒がしくなった。暴徒が手に棒を持って集まってきたのである。女中が隠れろというので夫婦で箪笥《たんす》の陰に隠れた。暴徒は家捜しをしたが見つからなかった。そして彼らが家財の略奪を始めた隙を見て脱出した。それを見て投石する者や追跡する者がいたが必死に走った。

「あまり走ったので心臓があおられ苦しくて苦しくて、もう死んでもいいと観念し、道路にしゃがみこんでしまいました。主人がしっかりしろと抱きかかえるようにして一緒に走ってくれました。はるかむこうの埠頭に日本の駆逐艦が見えました。手前に軍艦旗を掲げた陸戦隊の前線が見え、銃を持った陸戦隊の兵隊さんが何人も立っているのが見えました。そのときは嬉しくて泣けて泣けて。私は一人の水兵さんの胸元に倒れこんで気を失いました。気がついたときは埠頭の倉庫の中に寝かされていました」

日本海軍二百名が上陸し、機関銃を地面に発射して暴徒を威嚇退散させ、二千名以上の日本人を救出した。もし暴徒に捕まれば後の一九二八年の済南事件のように、婦女子は強姦され、焼き殺されるなど虐殺されたのである。

**【欧米より弱い軍事力】**——戦前の日本の軍事力は、戦時中の日本政府の「無敵日本」の宣伝と戦後の意図的な軍国主義非難宣伝により誇大視されている。というのは、国家財政が貧しく、欧米やソ連のように軍備に予算を使えなかったからである。日本の平時常備兵力は軍歌『歩兵の本領』にあるように二十万に過ぎず、蒋介石軍の二百五十万、ソ連軍の百九十万には遠く及ばなかった。米国の軍事力はさらに巨大であった。このため日本軍は欧米からCクラスと見られていたのである。海軍は対英米合計の三割位の艦艇を持っていたが国土防衛用であり、陸上の戦闘には役に立たなかった。

**【軽視された日本軍】**——また、欧米の軍人には強い人種偏見があり、日本人は遺伝的に欠陥があるので航空機を操縦できないなどのヨタ話が信じられていた。このため日本が後に零式戦闘機を開発しても、日本人がこれほど素晴らしい戦闘機を作ることができるとは思わず、現地から届く報告を無視したという。これらの理由で日本の軍事力が欧米に非常に軽視されたことが、米国やソ連に大東亜戦争で日本が圧迫され攻撃された最大の原因になっている。オランダ植民地軍までが日本軍を軽視して、真珠湾攻撃の直後に日本に宣戦布告しているのである。

**【米国の日本軍低評価】**――――ジョージ・ケナンは回顧録の中で次のように記している。

「日本の軍事能力は真珠湾攻撃を受けるまで米国では低く評価されていた。とくに支那事変を観戦した西側軍事専門家の日本陸軍に対する評価はおしなべて低かった。中には日本陸軍を三流と断ずる者すらいた。武器も補給も陸と空の協力も劣悪であり、その戦術戦略にいたっては模倣と繰り返しばかりであり、奇襲が通用しない状況では何もできない、と酷評された。日本が真珠湾攻撃を計画しているというグルー駐日米大使の東京情報が重視されなかった背景には、こうした日本軍事力への低い評価があったかもしれない」

この低評価がルーズベルトの対日挑発行為を起こすことになった。

**【立派な日本軍】**――――戦後、日本軍は占領軍とソ連が糸を引く左翼によりボロクソに非難された。外国を知らず信じやすい善良な日本人は、敗戦の混乱の中で騙された。しかし戦史は、日本軍が世界でもっとも厳正な規律を持つ勇敢で責任感の強い国民軍であったことを示している。日本が降伏したときには六百人以上の軍人が国に殉じて自決している。これほど精強で国家に誠実な国防軍は世界になかった。

**【安達司令官の自決】**――――太平洋戦線で史上最悪の戦線といわれたニューギニアで戦った日

本軍兵士が、司令官・安達二十三《はたぞう》中将の思い出を語っている。
「昭和二一年一月十一日、ムッシュ島（太平洋）の椰子林で第十八軍司令官安達二十三中将の別れの言葉を聴いた。これが司令官との最初で最後の出会いである。司令官はひっそりとたたずむ七九連隊の六十余名に対して、いたわりと励ましの言葉だけを伝えられた。それは健康の回復、遺族への配慮、国家再建の礎石になることであった。自分は迂闊にも司令官の決意を感じ取ることは出来なかった。その後、司令官はラバウルの戦犯収容所に向かった。昭和二二年から戦犯裁判が始まったが、司令官は自分の弁明を避けて責任を負い、このため数名の部下は救出された。司令官は九月十日、軍服を着用し北（日本）に向かって端座、ナイフで自決された。部下の田中参謀には三通の遺書が託されていた。

その一つは部下の遺族に向けたものであった。内容は、『十万におよぶ部下を失い申し訳ない。厳しい戦況により各人に人間として耐えられる限度を越えた敢闘を要求したが皆よく努めてくれた。そこで自分はこれら若き将兵と運命を共にし、南海の土となるべく誓った。これは仮に勝利したとしても変わらない決意である。残存戦犯容疑将兵の行方を見届けるため恥を忍んできたが一段落したのでかねての志を実行することを決意した』と記し、旧部下に対しては、『祖国の復興と遺族への務めがあるのに申し訳ないと思うが、自分としては陣没した十万の将兵の枯骨《ここつ》を残して生還することは出来ない。作戦三ヵ年の間、皆よくやってくれた。心から感謝している』と記されていた。中将の遺族は夫人はなく令息一人であったが、激励と期待の遺書を残されたという。自決した安達司令官に対しオーストラリア軍副官は、『われわれには自決の慣習はないがその趣旨はよく分かる。立派な軍司令官であった』と弔辞を述べたという」(抜粋要約『東部ニューギニア戦線』尾川正二著　光人社)

## 満洲国

特急あじあ

**【満洲国】**――――満洲は戦前の日本の栄光と悲劇の舞台として今でもよく話題になる。現代中共は中国東北部と呼び、日本が盗んだというが不当である。正しい歴史を知っておこう。

満洲とは地理的には現在の北朝鮮北方の万里の長城、そしてロシア国境に囲まれた四角形の広大な地域である。この地域は清朝を作った満洲人の本拠地で、万里の長城の外側にあることから分かるように歴史上、支那人が支配したことはない。

日本は一九〇四年の日露戦争後に清朝から満洲南部を支配する権利を得て開発していたが、一九一二年に宗主国の清朝が崩壊すると満洲は宗主国のない不安定な地域となった。当時満洲の勢力としては大別して、①南満洲鉄道を保有する日本（軍隊は関東軍と呼ばれた）、②長大な東支鉄道を保有するソ連、③奉天を中心とする支那人馬賊出身の張作霖《ちょうさくりん》軍閥があった。日本政府は満洲を対ソ緩衝地帯とするため、反共の張作霖軍閥と提携してソ連に対抗していた。

**【軍閥張作霖の謀殺事件】**――一九二七年、反共の張作霖は支那統一のため北京を占領するとソ連大使館を占拠し、隠れていた中国共産党員を捕らえて大量処刑し、ソ連の謀略工作文書を世界に公開した。ソ連は当然、怒った。しかし張は北上した蒋介石に敗れ、同年六月、奉天への撤退中、列車の爆破事件で死亡した。この実行犯として、暗殺を公言し仲間と鉄橋に爆弾を仕掛けたという関東軍の河本《こうもと》大作大佐が知られている。

**【ソ連の報復か】**――しかし河本の狙いは不明で、米国の外交官マクマリーのような専門家も謎としてきた。なぜなら、日本にとって張作霖のほうが息子の張学良よりも御しやすかったからである。張作霖は日露戦争当時、ロシア軍の密偵で処刑されるところを、田中義一《ぎいち》参謀（後、首相）に助けられていた。しかし近年、ソ連の報復謀殺という情報が東欧から出ている。これには合理性がある。日本側の調査では、河本グループによる単独殺害行為であった。しかし、現役軍人の加担に驚愕した日本政府は、国際世論の反応を恐れて隠蔽に走り事件の詳細調査をしなかった。

**【列車の天井に爆弾】**――張の専用貴賓車を破壊した爆弾は破損規模から、河本が満鉄との交叉陸橋に設置したという爆薬とは別に、特別列車の天井に北京で仕掛けられ電気式に起爆された可能性が高い。当時の在東京英国特務機関のチェンバレン外相宛の報告書が大英博物館に残っているが、日本政府の調査意欲不足に不審を抱いている。(『謎解き　張作霖爆殺事件』加藤康男著　PHP研究所)

**【張作霖は無傷】**――――なお、爆発時に張作霖と向かい会って同席していた日本軍顧問の儀我誠也少佐によれば、自分は無傷で、張作霖も鼻血を出した程度の軽傷だったという。張は現場から奉天の屋敷に向かった後、消息が絶えた。息子の張学良は事件当時は北京におり、変装して一週間かけて奉天に戻った。これは犯人が日本軍でなかったことを知っていたからである。知っていれば危険だから戻るわけがない。その後、張作霖軍閥は張学良が跡目を継いだが、関東軍は妨害せず対ソ対応の協力を要請している。張作霖の真の死因は不明である。作家の黄文雄氏は、犯人として張学良の可能性を示唆している。支那の歴史では権力を巡る息子の親殺しは五十例以上あるという。

**【河本大佐の疑問】**――――河本が張作霖の車輌に同乗していた儀我少佐を殺せば殺人罪である。これらから河本には関東軍とは別の指揮系統があり、ソ連の協力者であった可能性がある。河本は事件後に退役して山西軍閥閻錫山《えんしゃくざん》の顧問をしていたが、戦後は中共に捕われ一九五五年、太原刑務所で死亡している。

**【張学良の対ソ挑戦の失敗】**――――一九二九年、父の権力を継承した張学良はソ連の満洲赤化工作と東支鉄道経営権の侵害を理由に、三十万の軍隊により東支鉄道の接収を図った。しかし、逆に満洲に侵入した七万のソ連赤軍に厳しく反撃され、三万人の兵を失い大敗した。一部は日本公館に逃げ込んで保護を求めた。張学良はソ連に降伏し、ハバロフスクで講和を締結した。国民党の幹部、顧維鈞は備忘録で、蒋介石が張学良の軍事力を弱めるために冒険をそそのかした可能性を示唆している。国際連盟は、この直後の日本の満洲事変と大きく異なり、ソ連赤軍の満洲大量侵入を非難することはなかった。二重基準であった。

**【張学良の親ソ反日化】**――――ソ連の講和条件は寛大であったが、張学良が降伏後ソ連側に立ち反日運動を強化したので、秘密協定があった可能性がある。後に張学良はソ連の反日陰謀である西安事件でも実行者になっている。この事件後、張学良の悪質な日本迫害が始まり日本人の生命財産が侵害されるなど、重大な協定違反は三百件以上に上った。そして、旅行中の中村震太郎大尉が馬賊に虐殺されると、満洲の在留日本人の恐怖と危機感は頂点に達し、日本人会は日本の駐屯軍（関東軍）に邦人の安全確保を強く要請した。

**【満洲事変】**――――そこで一九三一年、石原莞爾《いしわらかんじ》らの主謀で関東軍一万二千が立ち上がり、三十万の張軍閥を支那本土の万里の長城内部へ駆逐した。これが満洲事変である。満洲事変勃発前夜の張学良の興味深い挿話を紹介しよう。

**【事件当夜の張学良】**――事件当夜、北京で観劇中の張学良を見た日本人が次のように記録している。

「九月十八日夜、私は北京で名優梅蘭芳の京劇『宇宙鋒』を見ていた。突然、二階席であわただしい足音がした。見ると第一ボックスに座ったのは張学良と夫人の于鳳至であった。背後を一個小隊の護衛兵が囲んでいる。当時の張学良は満洲と北支の事実上の王者であり、彼は瀟洒な燕尾服を着用しワイシャツの胸が白く見えた。しかし彼は憂鬱そうで舞台を見入ることがなかった。舞台の梅蘭芳が張学良に仇《あだ》っぽい目線を投げたが、気が付いたとも思えなかった。彼は檻の中に新しく放り込まれた豹《ひょう》のごとくキョロキョロしていた。私には彼が芝居を見に来た人とは思えなかった。

十一時ごろ、長身の男が駆けこんできて学良に何事か耳打ちした。とたんに彼はすっくと立ち上がった。待者が彼に黒ラシャのマント風のオーバーを掛け与えた。その裏地の燃えるような真紅の色が何かの兆しのように見えた。バタバタと張学良を先頭に一隊はあわただしく劇場から立ち去った。翌九月十九日、街で号外が売られていた。そこには九月十八日夜十時半、奉天の日本軍守備隊千人が、張学良の北大営駐屯地に突如猛射を浴びせたと報道されていた」(『北京十話』村上知行著　現文社)

すると国際連盟は激しく日本を非難したが、その裏には満洲を狙い日本勢力の拡大を敵視する米国とスターリンの敵意があった。

**【露清密約】**――――実は一八九六年、ロシアと清朝は日露戦争直前に対日秘密軍事同盟を結んでいた。これは一九二二年、極東委員会で支那側から発表された。したがって、日本は日露戦争で勝利したので全満洲を支配しても良かったのである。

**【リットン調査団報告】**――――一九三二年、国際連盟はリットン調査団を派遣し満洲事変を調査した。その結果、調査団は張学良の三百件以上の重大な条約違反を発見し、満洲問題の解決は欧米が考えるほど簡単ではないという、むしろ日本の立場を理解する結論を提出した。しかし、米国が裏で糸を引く国際連盟の白人国は満洲が欲しかったので、日本に満洲の国際管理を要求した。

**【日本の国際連盟脱退】**――――これに対して松岡洋右《ようすけ》外相は、日本は満洲の獲得では日露戦争で多くの尊い血を流しているので、欧米の根拠のない要求を断固拒否し連盟を脱退したのである。日本国民はこの決断を強く支持し、帰国した松岡外相は大歓迎を受けた。しかしスターリンは警戒心を強め、満洲の利権に関心の深い米国は日本が満洲を独り占めしたとして敵意を強めたのである。

**【満洲帝国】**――――満洲は本来、清朝を作った満洲人の本拠地なので、日本は一九三二年に清朝最後の皇帝、溥儀《ふぎ》を招聘《しょうへい》して満洲国を建国した。この後、満洲は岸信介《のぶすけ》（戦後首相）などの優秀な人材の投入と日本の投資で大発展を始めた。これにともない満洲には日本から大々的に開拓移民が向かい、支那本土からも支那人が治安の良さと好景気を目当てに大量に流入し始めた。

ソ連やドイツは満洲国を承認した。一九三五年、ソ連は東支鉄道を日本に売却し、その代金で国境に対日戦用の大要塞を建設した。

**【米国の敵意】**――――米国はかねてから満洲に強い野心があり、日露戦争直後には鉄道王ハリマンが南満洲鉄道への出資を申し込んできたが、日本政府に断られて敵意を抱き、それ以来、米本土では日系移民への迫害が始まっていた。

**【米国の妨害】**――――米国は日本の満洲経営を妨害するため、軍閥の張作霖に莫大な金を貸して協定違反の満鉄並行鉄道を建設させたり、張学良に東洋一の兵器工場を作らせた。そして日本の満洲国の建国を知ると、スチムソン国務長官は一九三二年一月「満洲国不承認宣言」を発表して満洲への野心を露骨に示した。これがルーズベルト政権にも継承され、その後の反日敵対路線の原因となり日本を滅ぼすことになった。しかしその米国も、最終的にはソ連にドンデン返しを食らって一九五〇年、支那全土から追い出されるのである。

**【満洲の安定ぶり】**――――英国産業連盟の使節団は一九三四年、日本と満洲を訪れ、好印象をもって帰国した。ヘレン・ミアーズ女史の著書から報告書の部分を引用する。

「満洲国住民は治安対策の向上と秩序ある政府を与えられている。（張学良）軍閥による略奪と搾取はなくなった。課税制度は妥当なもので公正に運営されている。住民は安定通貨を持つことができ、輸送、通信、沿岸航行、河川管理、公衆衛生、診療施設、医療訓練、そしてこれまで不足していた学校施設などの整備計画が立てられ実施されている。こうしたことから満洲国の工業製品市場としての規模と将来性は容易に想像することが出来る。近代国家が建設されつつある。将来に横たわる困難はあるがこれらは克服され、満洲国と他の国々の利益のために経済繁栄が徐々に達成されるものと期待される。（抜粋要約『アメリカの鏡・日本』ヘレン・ミアーズ著　メディアファクトリー）

**【米国実業人の歓迎】**――――米国の外交官タウンゼントは次のように記している。

「米国実業人はみな満洲に秩序をもたらした日本に感謝している。日本はたった六年で満洲から盗賊を追い払った。独裁者、張学良一味は銃で住民を脅し金を巻き上げ大富豪となったが追放された。庶民の生活も向上した。腐敗と抑圧しかなかった張軍閥が追放されるとシナ人が大量に流れ込んできた。これが何よりの日本の統治の成功の証拠である」（抜粋要約『アメリカはアジアに介入するな』R・タウンゼント著　芙蓉書房出版）

**【満洲の発展ぶり】**――――ドイツ人新聞記者が満洲を訪れ見聞記を書いている。

「私にとっては満洲訪問は特別の興味があった。というのは張作霖時代の満洲を知っていたからである。あのころ奉天は洋風の建物が二つ三つあり、あとは広々した原野と城壁がそびえていただけなのに、今は古い中国人街は巨大な近代的な都市に埋没してしまったかのようである。もっとも驚くべき発展は工業面で見られた。鞍山の印象は一層強烈だった。新しい高炉が完成すれば世界最大の高炉施設の所在地となるだろう。ここには新しい国、広々した将来を約束された国、無限の可能性を秘めたアメリカのような国がある」（抜粋要約『日中戦争見聞録』コリン・ロス著　講談社学術文庫）

**【その後の満洲】**――――これらの高価で貴重な設備は一九四五年、ソ連の侵入で解体され、ドアの把手《はしゅ》までソ連に盗み出されてしまった。これはスターリンが中華民国による満洲の重工業化を恐れて妨害したためとも考えられる。日本の資産を当てにしていた毛沢東は激怒したが、スターリンを恐れて抗議できなかった。

満洲・新京市街

**【蔣介石と満洲国】**――――満洲事変当時の蔣介石は「安内攘外」政策という支那の国内統一を優先し、その後、香港などの外国の植民地問題の解決に当たる方針を取っていた。日本について蔣介石は、「日本は皮膚病にすぎないが、共産党は心臓病である」と述べたように、日本との問題は軽視し中国共産党を最も警戒し危険視していた。そこで蔣介石は一九三三年五月、満洲事変後に日本と「タンクー停戦協定」を締結し、外交関係を格上げし相互に大使館を開設した。また、満洲国との鉄道、通信を開設し経済協力を行ったので、事変前よりも両国の関係はよくなった。だから満洲事変が支那事変の原因ということはあり得ないのである。

**【傀儡国家非難への反論】**――――満洲国を日本の傀儡国家として非難するのに対して米国の元外交官のラルフ・タウンゼントは、当時のフィリピンは米国、エジプトは英国、外蒙古はソ連の傀儡国家であると指摘している。蒋介石も西安事件で降伏してソ連の傀儡となり、さらに支那事変の二年目からは大量の軍需物資の補給を受けて米国の傀儡になっている。毛沢東もソ連共産党から活動資金と武器を供与され、ソ連顧問に指導管理を受けていた傀儡であった。

したがって、当時のアジアでは日本とタイ国以外はみな傀儡であり、日本の満洲国だけをことさら非難するのは不当ということである。ソ連は満洲国を承認している。

# 第二章

# スターリンの大謀略

## 大恐慌とヒトラーの台頭

ヒトラー

**【ヒトラーの台頭】**――一九二九年の米国大恐慌は世界各国に経済不況を起こしたことと、共産主義信奉者を爆発的に増やしたことで重大である。

経済問題では、欧米諸国は大恐慌の混乱から自国経済を守るために外国製品に高率の関税をかけて輸入を制限した。この結果、過剰人口を抱え輸出で生きていた日本やドイツは輸出が止まり、大打撃を受けた。日本にはまだ満洲や支那の市場があったが、海外市場のないドイツは多くの企業が倒産し、総人口の一割近い七百万に上る大量の失業者が国中にあふれた。

失業は人間を心理的に不安にするのでこれは深刻な社会問題になり、国民は失業問題の速やかな解決を求めた。しかし、ワイマール体制のドイツは政治混乱が続き解決できなかった。そこで国民は、意思決定の早い国家主義のナチス党に解決を託した。

ヒトラーは首相になると直ちに高速道路の建設など大規模な公共投資を行い、インフレを発生させずに景気を回復し、失業者を吸収することに成功した。また、ベルサイユ条約の懲罰的な重荷から国民を解放した。このため「仕事とパンと民族の誇り」を求めていたドイツ国民は熱狂的にヒトラーを支持した。しかし、ヒトラーはドイツ民族生存問題の最終的解決を自給自足体制に求め、そのために必要な領土と資源の入手方法としてソ連の征服を計画していた。

**【ロシア征服方針】**――――ヒトラーは一九二三年、ミュンヘンで武装蜂起（クーデター）に失敗し逮捕されたが、そのとき獄中で著したのが『わが闘争』である。この中でドイツの領土拡大について次のように記している。

「（中世ドイツでは）増加する民族数に合わせて労働とパンを確保するにはただ二つの道しか残っていなかった。植民地を含む領土拡大政策か貿易政策をとるかである。両者の中でより健全な道は前者であったろう。過剰人口の移民のために新しい土地や領土を求めることは、現在のみならず将来を注視するなら無限に大きな利益があるからだ。

ドイツにとって健全な領土拡大政策の唯一の可能性は、欧州の中で新しい土地を獲得することであった。人々が欧州の土地と領土を欲するならば、大体においてロシアの犠牲でのみ行われえた。その場合にはドイツの鋤《すき》には耕土を、そして国民には日々のパンを与えるために新しいドイツ国はドイツの剣によって再び昔のドイツ騎士団の道を進まねばならないのだ」（抜粋要約『わが闘争』黎明書房）

スターリンはこの本を翻訳させて読んでいた。

**【ファシズムの語源】**――――いわゆる「ファシズム」は左翼が誹謗用語として使ってきたが、真正のファシズムは二十世紀特有の大衆社会の大衆支持を背景とした独裁制度であり、意思決定のできない議会制民主主義の欠陥をつく深い意味を持っている。「ファッショ」の語源はラテン語のファシースで、ローマ時代の高官の露払いが捧《ささ》げ持つ斧《おの》を芯にした楡《にれ》の束のことであり、その原義は団結を意味する。このためムッソリーニは長く分裂状態だったイタリアの統一を願って、彼の運動をファシズムとしたのである。

**【独裁の機能的理解】**――――人間の社会には必ず政治の意思決定制度がある。その一つの方式が合議制の議会制である。しかし、合議制は危機の時には時間がかかり機能しない。そこで古代共和制ローマでは危機に備えて、臨時独裁執行官（ディクタトール）制度を設けていた。現代米国などではこの機能を大統領制度で補完しているが、独伊ではこれをムッソリーニとヒトラーが指導者として受け持ったのである。

**【大衆性】**――――ムッソリーニとヒトラーは、第一次大戦後の伝統的権威の崩壊した欧州大衆社会に出現した指導者である。戦前の重層的な社会であれば認められなかった。両者は国民大衆の圧倒的な支持を得ており、秘密投票自由選挙でも高い支持率を得たと想像されている。その意味で政治社会学的に見ると両国の政治体制は、今までにない均質的社会を基盤とする鍋蓋型（つまみの部分が独裁者でその下は国民が均一に並んでいる）の大衆民主政治形態の一つであったということができる。

**【共産主義との違い】**――ソ連の残酷なスターリン独裁は、国民大衆の支持を背景とする近代ファシズムとは異質である。ムッソリーニはスターリンと違い、若夫婦用の住宅を大量に作るなど自国民を大切にしたからである。

**【ファシズムの思想】**――ファシズムの思想の柱は社会主義、イタリア民族主義、エリート主義である。社会主義といっても企業の国有化や私有財産の否定ではなく、労働者階級の厚遇である。ムッソリーニの主張した社会正義とは安定した労働、公平な賃金、適切な住宅、そして昇進の可能性であった。戦争でムッソリーニは滅びたが、ムッソリーニによる労働者の諸権利、民法典、教育改革などは今も残り、国民生活の拠り所となっている。現代人はエリート主義が民主主義にそぐわないように思うかもしれないが、人間の社会は過去・現在・未来、共産党を含めてすべてエリート主義である。（参考『ムッソリーニ』ロマノ・ヴルピッタ著　中公叢書）

**【民族主義】**――これは国民や民族が生存（自由、独立）を守るための思想をいう。独立国では万国共通である。民族の生存は自然権による自衛権に基づくので神聖不可侵であり、何人《なんぴと》も否定できない。米国人は多民族国家なので民族紛争を恐れ愛国主義という。

**【ナチズムの思想】**――ヒトラーのナチズムはファシズムと同じように、社会主義、ゲルマン民族至上主義、エリート主義から成る。ヒトラーは早くからムッソリーニを思想的な先輩として仰いでいた。ただし、人種やユダヤ人迫害への偏執はファシズムとは関係がない。ナチズムは非アーリア民族の日本人を劣等民族としており、日本の八紘一宇《はっこういちう》（民族平等）の思想とは共存できない考えである。

**【ファシズムと本能】**――ムッソリーニは、「大集会、目のくらむような行進、活力、軍事的栄光の叙事詩的な雰囲気、私は神秘的で英雄的な生活や征服、栄光を愛した」と述べている。

ファシズムの運動に人間の団結本能に強く訴えるものがあることは否めない。（『黒シャツの独裁者』サンケイ新聞社出版局）

**【ファシズム非難】**――スターリンは「ファシズム」を誹謗中傷のレッテル用語として大々的に宣伝し、敵を非難した。このため現代でも日本人は意味を知らずにファシズムを政敵非難に使うのである。

**【日本の非ファシズム性】**――戦前の日本は立憲君主国で議会制度を持ち、危機に当たっては明治以来の元老（重臣）が合議して決めていた。したがって、日本がファシズムであったということはまったくありえない。なぜなら、社会が重層的であって大衆的でなく、ヒトラーのような大衆の指導者がいなかったからである。天皇は国民の圧倒的な支持を得ていたが、伝統的な権威であり、大衆の指導者ではなかった。近衛《このえ》首相や東條首相も更迭《こうてつ》されたことで分かるように、独裁者ではなかった。

**【議会制民主主義】**——現代社会では民主主義は至上の価値とされているが、実際にはその意味するところは曖昧である。またそれだからこそ多用されるというから要注意の用語だ。ドイツの政治学者カール・シュミットによれば、民主主義には英国式とフランス式がある。英国式は議会制民主主義で、議員の言論の自由を最大限に保障する意思決定の方法である。他方フランス式は人民主権主義で、共産党独裁正当化の論理に使われるので危険だ。ただ、議会制民主主義は危機の時代の意思決定の手段としては遅いという致命的な欠点を持っている。

欧州では第一次大戦後その欠点が露呈し、イタリアとドイツで議会制民主主義の政治が混乱した。このため当時「民主主義は老いたり」と酷評され、意思決定の早い共産党独裁のソ連が理想化され、ファシズムが台頭したのである。こうした状況で戦前の日本は、欠点のある議会制民主主義体制のまま激動の時代に入っていった。このため社会問題の解決を急ぐ一部軍人が二・二六事件を起こすことになったのである。

**【日独防共協定の締結】**——一九三六年、日本とドイツは共産主義ソ連を共通の敵として警戒し相互に協力する協定を結び、一九三七年にはイタリアが参加した。しかしこれはあくまでも国際政治における戦術的提携であり、日本が思想的にゲルマン民族主義のナチズムやイタリア民族主義のファシズムに従ったわけではなかった。これらの協定は、米ソの圧力に単独では抵抗できないので日本がやむなく独伊と連携したのである。したがって、戦前の日本がドイツとイタリアと提携したからといってファシズムであると非難するのは事実ではなく誤りである。

**【独ソ不可侵条約とポーランド分割】**――一九三九年八月（ノモンハン事件中）敵対しているはずの独ソが不可侵条約に調印すると、世界は驚いた。とくにヒトラーに反対していた左翼は大ショックを受けた。

しかし欧州には、ドイツはいずれソ連の大穀倉地帯ウクライナを占領するという噂が流れていた。大戦直前の欧州国際政治は複雑怪奇であった。

**【平沼内閣総辞職】**――独ソ不可侵条約の締結に驚いた平沼首相は、その意図を図りかね、欧州政局は複雑怪奇という声明を残して内閣総辞職した。

**【ヒトラーの評価について】**――戦後、ヒトラーは狂人、山師などとボロクソに言われている。しかしヒトラーは、あのナポレオンが欧州で十年かかって成し遂げたことをわずか一年で達成した。ヒトラー統治下を知る米国の外交官であり著名な国際学者のG・ケナンは次のように評している。

「ヒトラーを愚か者にすぎないと片付けるのは危険である。チャップリンに似た口髭、激越な演説、非道徳的な行動、戦略の誤りはあったが、これらの背後に侮《あなど》りがたい資質を備えた政治家があった。すなわち抜け目のない打算的な現実主義者であり、必要なときには猫をかぶり、決断は大胆で果断である。そしてスターリンにはない天稟《てんぴん》である演説でドイツ国民を奮い立たせる魔力を持っていた。ヒトラーは危険であったが、決して山師ではなかった。だから悪が偉大であるとすれば、彼がある種の偉大さを備えていたことは否めない」（抜粋要約『レーニン、スターリンと西方世界』ケナン著　未来社）

**【ヒトラーの印象】**――レニ・リーフェンシュタールのヒトラーの思い出。レニは当時有名な女優であり、のちにヒトラーの指示で映像作家として映画史上、不朽の名作、ベルリンオリンピックの『美の祭典』、ナチス党大会の『意志の勝利』を製作した。

「映画のキャンペーンを終えてベルリンに戻ってくると、ヒトラーが競技場で演説をするというポスターがそこら中に貼ってあった。一九三二年二月末のことと記憶する。それまで政治集会に参加したことは一度もなかった。競技場は立錐の余地もない状態で席を見つけることが難しかった。私は興奮しきって大騒ぎしている聴衆の間に挟まって腰を掛け、ここに来たことを後悔し始めていた。しかし、いっぱいの人ごみで退席は出来なかった。

時間に大幅に遅れてやっとヒトラーが登場した。観衆はパッと席から飛び上がり、我を忘れて『ハイル、ハイル、ハイル』と叫んでいる。何分間続いただろうか。叫び声が収まってから、ヒトラーが話し始めた。『わが国民同胞たちよ』。

奇妙なことに私はこの瞬間に、生涯忘れることのできない黙示録的な幻影を見たのである。身体が麻痺している。演説の中には分からない箇所が多かったのに私はすっかり魅了され、大衆がこの男の虜《とりこ》になってしまっているのを感じた。二時間後、私は寒さに震えながらポツダム通りに立っていた。この集会での興奮が冷めない。あの男はドイツの歴史にある役割を演じるだろうか？それがいい方向に向かうのか、悪い方向にか。私はこんな考えで頭がいっぱいだった」（抜粋要約『回想』文春文庫）

【ヒトラーの特異性と矛盾】――――ヒトラーはゲルマン人優越主義を強く鼓吹《こすい》したが、一九四五年には側近のシュペアに、「敗戦したら戦後のドイツ人の生存に必要な基盤を考慮する必要はない」と述べている。ドイツ人はヒトラーにとり大ゲルマン主義運動の道具に過ぎなかった。

【ヒトラーと原爆開発】――――彼は反ユダヤ主義に異常に執着したので、核物理学をユダヤ人の学問と誤解し、ハイゼンベルクのような核物理学のノーベル賞受賞者や、チェコの大ウラン鉱山、膨大な電力など原爆開発に必要な資源をみな持っていながら、原爆の開発を禁止した。他方、ユダヤ人迫害でアインシュタインなどの優れたユダヤ系核物理学者が米国に脱出し、米国の原爆製造に貢献した。また、戦争末期でさえ貴重な兵力を戦争に無関係なユダヤ人強制収容所の警備に貼り付けていた。常識では考えられない選択であった。ヒトラーは天才であったが、愚かだったといえよう。（参考『ヒトラーとは何か』S・ハフナー著　草思社）

# スターリンの警戒と国際工作

スターリン

**【スターリンの警戒】**――――ソ連の独裁者スターリンはヒトラーが台頭すると単独では対抗できないと見て、米国などの外国を利用するため共産スパイによる謀略工作を開始した。これが日本では支那事変工作や米国の対日戦争の引き金になり、大東亜戦争に発展するのである。

**【世界規模の戦略】**――――当時スターリンは、世界中に配置したスパイから櫛の歯を引くように届く機密情報をもとに国際戦略を指揮していた。その様子をフルシチョフは第二十回党大会で次のように述べている。

「同志の皆さん、スターリンはいつも地球儀を前に手にとって、地球儀の上で（独ソ戦の）戦線を辿っておりました」

このためスターリンは世界的な政治問題や紛争について、ルーズベルトやチャーチルよりも広範で深い理解をもっていた。ただ、その戦略を知るのはスターリンだけであった。

**【ソ連スパイの特徴】**――――一般にスパイの任務は情報を盗み出すことであるが、ソ連スパイはさらに各国の政策をソ連寄りに動かしたことが特異的である。三十年代の西側社会では、マルクス主義が大恐慌を予測したとして共産党の信奉者が爆発的に増えた。彼らはソ連やスターリンを理想化し、スターリン独裁下で理想主義的共産主義者が絶滅させられたソ連の実態を知らなかった。このため多数の良家出身の高学歴者が誤った理想主義から、政府や重要機関に就職すると進んでソ連の協力者になった。

英国のケースでは、有名なキム・フィルビーやケアンクロスらケンブリッジ大学の秀才がソ連工作員の教授に誘われてソ連スパイとなり、英国諜報部の中枢に入り込んだ。米国ではアルジャー・ヒスのようなヤルタ会談に出席した側近までがソ連スパイであり、米国の国際政治に影響を与えたのである。

こうしてスターリンは世界のスパイ史上、未曾有の大成功を収めることができた。しかし冷酷な現実主義者のスターリンは、理想主義者の彼らに感謝するどころか金を与え「彼らはわがソビエトに雇われて金づくで働く雇い人に過ぎない」と常に馬鹿にし軽蔑していたという。（『スターリン』ニコライ・トルストイ著　読売新聞社）

**【ソ連の諜報工作】**――――ソ連は理想主義以外にも金や男女関係まで利用してスパイ工作を行った。ソ連国内に駐在する外交官、ジャーナリストに対してハニートラップ（＝蜜のワナ）と呼ばれる美女工作員を使ったワナを仕掛けた。この結果、英国のG・ヒル准将やザ・タイムズのパーカー記者などが引っかかり、脅迫されて機密情報を渡したりソ連に有利な報道を行った。ベルリンではソ連男子工作員が米国駐独大使の令嬢マーサ・ドッドをたらしこみ、父親の機密情報をソ連に流した事件が知られている。この工作員はスターリンに大きな貢献をしたが、用心深いスターリンは口封じに処刑したという。

## 【米外交官の見たスターリンの印象】──米国の外交官としてモスクワに駐在したソ連専門家のG・ケナンは次のように記している。

「スターリンはどちらかというと背が低く、小柄で痩せぎすに近かった。歯は汚く、口ひげは貧相であった。これがあばた面と黄色っぽい目と一つになって、傷ついた老虎の相貌を呈していた。しかし、彼の顔立ちにはある種の静かな落ち着いた力感があった。

彼の振る舞いは率直で気取りがなく、功を焦らない淡々とした態度であった。彼の言葉数は少なかったが、みな理に適《かな》っていて分別のあるものであった。下調べもせずに飛び込んできたような一訪問者には、このような率直な外面の背後に果たしてどのような計算、野望、権力欲、嫉妬、残虐、陰険な復讐の意図が潜んでいるか推量することなど到底できるものではなかった。率直な見たところ悪意のなさそうな言葉を吐くのも彼の天性の才能であった。

彼は人一倍抜け目がなく、その観察力は信じられないほど鋭かった。しかし彼は恐るべき政治学の教師であった。中でも最も強調さるべきは彼が策謀家として限りなく凶悪な才能を持っていることであった。現代にはこれ以上の権謀術数の策士を他に見ることはできない。心安く警戒心を解くように気取らず物静かなよそ行きの顔を見せるのは、チェスの第一着手みたいなもので、彼の鮮やかな策謀の一端を示すにすぎないものであった。スターリンを訪れた時は、何よりも邪悪な点で偉大な人物、すなわち冷酷な、冷笑的な、狡猾な、限りなく危険な人間の前にいることを決して忘れなかった。しかし何はさておき、現代の真に偉大な人物の一人ではあった」（抜粋要約『ジョージ・F・ケナン回顧録』読売新聞社）

**【スターリンの戦略】**――――「彼は天性の陰謀の大家であった。彼は敵を分裂させ相互に戦わせ、敵が力を消耗させたところで滅ぼした。反共の日本と本来反共の蒋介石を戦わせた支那事変が良い例である。党内闘争でも〝漁夫の利作戦〟で政敵を滅ぼした。彼は教条主義者ではないので理想（共産主義）には何の意味もなかったが、他の人にとって理想の意味するところは熟知していた。このため理想主義の生み出す政治的、感情的衝動を利用する技術において彼の右に出るものはいなかったのである」（参考『レーニン、スターリンと西方世界』G・ケナン著　未来社）

真に恐ろしい人間であった。

**【スターリンの魅力】**――――戦争中のスターリンの通訳の一人ベレズロフは、運よくスターリンの口封じを逃れ貴重な記録を残している。前任者四名はみな処刑された。

「スターリンはまったく冷淡な性格の持ち主ではあったが、話し相手を魅了する力を備えていた点は認めなければならない。彼は疑いもなく偉大な役者であり、愛想がよく控めで平凡な役さえ演じられた。……モスクワ陥落の脅威の中で、米国の要人はソ連が崩壊しないという予測を本国に送った。年季をつんだ疑い深い政治家たちの考えを変えたものは、いったい何だったのか。スターリンとの会見に他ならない。絶望的な状況と思われていたにもかかわらず、彼はやさしげな微笑と落ち着いた物腰でくつろいだ雰囲気を作り出すことができた」（抜粋要約『私はスターリンの通訳だった』ベレズロフ著　同朋舎出版）

**【柔和な目】**――一九四一年、外務省の加瀬俊一氏は日ソ中立条約を結ぶため、松岡外相に随行してソ連を訪ね、クレムリンでスターリンに会っている。

「スターリンは自ら立って皆にお茶を入れてくれた。ヒトラーならまったくあり得ない行為であった。松岡外相はスターリンの目は象のように柔和だといったが、私はスターリンはたくさんの人を処刑しているのにと疑問に思った」（『戦争と外交』加瀬俊一著　山手書房）

**【スターリンの独自性】**――スターリンはレーニンの第一の弟子を標榜していたが、彼の蔵書であるレーニン著『国家と革命』の表紙には「役に立たない理論だ」と書き込まれていたという。レーニンに盲従はしていなかったのである。しかし、対外的宣伝にはレーニンを大いに利用した。ここに共産主義運動の本質を理解する秘密の鍵があるのである。（『知られざるスターリン』メドヴェージェフ著　現代思潮新社）

**【娘の父親評】**――スターリンの娘のスヴェトラーナは、「父は徹底的な現実主義者であり、まったく理想主義者ではなかったから、共産主義運動に入った動機も、下層階級からの脱出と出世にあったのではないか」と述べている。スターリンの親はグルジアの極貧の農奴階級の人間であった。これはスターリンがいわゆる共産主義者ではなかったという、共産主義運動の皮肉を示唆している。

## ソ連の共産主義宣伝

**【ソ連の本質】**――ソ連は共産主義を宣伝に使って国策を展開した。十字軍のような一種の擬似宗教運動である。このため西側はソ連の正体が分からず幻惑され、正しく対応できなかった。マルクス主義はユダヤ・キリスト教の終末論歴史観を借用したイデオロギーであり、政治指導者は政治の隠れ蓑として利用したが決して信奉者ではなかった。この政治運動の正体は、一握りの冷酷で現実主義の幹部と家族が私利私欲を求める利己的な詐欺運動であった。コミンテルン（共産主義政党の国際組織）の熱心な活動家で、後にソ連の強制収容所に囚われたジャック・ロッシ

マルクス

は、戦後に釈放された後、「ソ連など初めから存在しなかったのだ」と後悔している。

**【共産主義思想】**――――西欧における共産主義の歴史は古く、ギリシャ時代のプラトンの記述にも見ることができる。これは一種の桃源郷伝説であるが、実現すると〝人間牧場〟のような徹底管理下に置かれる恐ろしいユートピア社会である。ちなみにユートピアとは「存在しない国」という意味である。中世には共産主義的社会はキリスト教の修道院で実現された。しかし近代の共産主義運動は、ドイツ系ユダヤ人のマルクスが創始したマルクス主義と、レーニンの指導したロシアの革命運動が主流である。

**【マルクス主義】**――――この思想の柱は、資本主義の崩壊と共産主義社会到来の予言、その論拠としての経済分析、そして手段としての無制限の暴力容認である。また、歴史を動かす原理として唯物弁証法と称するものを主張したが、これはカルト的な妄想である。この思想は、革命蜂起がみな失敗して労働者の待遇がマルクスの予想と異なり改善されるようになると労働者には人気がなくなり、十九世紀末には歴史の屑籠に投げ込まれた。それを拾い出したのがレーニンらロシアの過激な左翼運動家であり、マルクス主義は彼らの暴力闘争の煽動思想として使われるようになった。

**【マルクス主義とユダヤ人】**――――十九世紀末の欧州諸国の知的ユダヤ人は、各国で勃興する民族主義の中で居場所を失っていたので、無国籍主義を主張する共産主義に奔《はし》った。このため多くのユダヤ人が各国の共産主義運動の幹部になり、後にヒトラーが共産主義をユダヤ人の国際政治運動と非難した大きな理由となった。また、マルクス主義の歴史観がユダヤ教の終末論の焼き直しであったため、精神文化的に親和性があったことも考えられる。

**【共産主義運動の疑問】**――この運動が分かりにくいのは、理想主義的な主張と大量殺人を生んだ残酷な独裁統治の実態が符合しないことである。そこには西側の人々の共産主義運動についての誤解があった。

**【共産主義運動の実態】**――レーニンとスターリンの共産主義運動をよくみると、結局、労働者ではない一握りの陰謀家が労働者の代理人を装い、理想主義者を騙して政治権力を奪って私利私欲を満たす仕組みであることが分かる。ソ連が崩壊して分かったことは、共産国家の支配者階級は国民に隠れて西側の王侯富豪も及ばない豪華で贅沢な生活をしていたことだった。スターリンは大貴族の別荘に住み、好物の虹鱒を生きたまま故郷のグルジアから空輸させていた。皇帝の生活である。他の幹部も大豪邸に住んでいた。平等などの理想主義的な主張は、あくまでも権力奪取までの宣伝道具に過ぎなかった。このため権力主義者が奪権に成功すると、理想主義の共産主義者たちは用済みで邪魔になり、家族もろとも大量に処刑されたのである。

**【詐欺としての共産主義運動】**――共産主義運動の詐欺的仕組みは、英国のG・オーウェルが『動物農場』（角川文庫）で描いている通りであった。あまりにも単純な詐欺であったため却って頭の良い人が騙された。スターリンは一九三一年に「平等主義とマルクス主義的社会主義とは何ら共通点を持たない」と言明している。（『スターリン』ニコライ・トルストイ著　読売新聞社）共産主義運動は労働者を持ち上げたが、実際はむしろ一握りの金持ちの詐欺運動であったともいえる。人間性に過大な期待は禁物である。

**【マルクス主義の欠陥】**――――共産主義は指導者の無謬性《むびゅうせい》を認める思想だから、暴走しても止めることができない。これを犯罪者が利用した。このため、フランスのS・クルトワ氏（科学ナショナルセンター研究部主任）は、大量殺人という犯罪の見地から共産主義運動を批判している。よく共産主義は理論は正しいが運用で間違ったというが、実際は理論が間違っていたので、必ず失敗し、政治的犯罪者に利用され大惨事を招いたのである。

**【ソ連の実態】**――――ソ連では三十年代に共産党員やその家族が百万人以上処刑されたといわれる。ロシアには、当時の秘密警察に拷問され処刑された共産主義者のスターリンに宛てた悲痛な訴えが多数残っているが、彼らはなぜ共産主義者である自分たちが共産党政権に殺されるのか分かっていなかった。彼らのあとには、有能ではあるがスターリンの権威と命令に無条件で従う狡猾で非情な人間がとって代わった。彼らの無節操ぶりを見てカメレオン党員と呼んだ人もいる。

**【ノーメンクラツーラ階級の出現】**――――これはソ連社会に現れた党や軍、秘密警察の特権階級のことである。形式的には共産党員であるが、実際には共産主義思想を嫌い厳禁した。彼らは国民に隠れて特権を享受し、相互に通婚して特権を守りあい「赤い貴族」階級を形成した。

**【共産主義者の絶滅】**――ソ連の特権階級出身で戦後、西側に亡命したヴォスレンスキーはその著書『ノーメンクラツーラ』の中で、西側に来て初めて真正の共産主義者を見たと記している。皮肉なことに共産主義運動の本家のソ連では共産主義者はとうの昔に絶滅させられていたのである。彼は西欧でも共産党が政権をとれば同じ事が起こるだろうと記している。

**【コミンテルンとは】**――よく「コミンテルンの謀略」などといわれるが、コミンテルンは初めはその名のとおり国際共産主義者の組織であった。しかし三十年代になると、スターリンが幹部を処刑して組織を乗っ取った。この結果、コミンテルンはソ連秘密警察の国際部門になり、スターリンの外国工作の隠れ蓑になった。このためコミンテルンは「スターリンの偽装の手袋」と呼ばれたのである。

## ソ連の対米工作

**【米国への浸透】**――ソ連は政権奪取後から米国工作を重視していたが、米国の共和党はソ連の凄惨な恐怖政治を見て警戒し、国交を開かなかった。しかし一九三三年、民主党のルーズベルトが大統領になるとスターリンは国交開設に成功し、ルーズベルトの油断に乗じて大諜報網を構築した。そこには財務長官の補佐官アルジャー・ヒスや財務省次官補のホワイトなどの政府高官、ロスアラモス国立研究所所長のオッペンハイマー、そのほか政治文化、マスコミ界、映画界などの多くの要人が含まれ、口紅から軍用機そして原爆まであらゆる情報が米国から盗み出された。戦時中には多数のソ連の技術者が米国の各種機密軍需工場に駐在し、最新技術の習得に努めたので、それまで軍事後進国だったソ連は、戦後は短期間で米国に対抗できる軍事大国になることができたのである。ルーズベルトはソ連をまったく警戒しなかった。

**【ルーズベルトの謎】**――ルーズベルトは大戦末期に急死したため、回想録を残していない。このため、なぜこれほどソ連に油断していたのか不明である。FBIは一九三九年には米人ソ連スパイ、チェンバースの自首事件によりソ連のスパイ活動を報告したが、ルーズベルトは放置している。徒然草《つれづれぐさ》に「狂人の真似をする人は狂人である」とあるが、行動から見るとルーズベルトは共産主義支援者ということになる。当時、金持ちの共産主義者は珍しくなかった。

**【ルーズベルトの個人的な弱点】**――ルーズベルトは米国の富裕な家に生まれ、若くして政治家を志した。夫人の伯父が元大統領であったこともあり順調に経歴を上げていったが、三十九歳の時に成人小児麻痺に罹《かか》り、下半身不随となった。それでも野心がやみがたく、特殊な鉄の枠を使って国民に身障を隠し、大統領になった。このため表裏のある複雑な性格であったと言われている。大西洋横断の英雄リンドバーグはルーズベルトに会ったが、口がうまく愛想が良すぎて信用できない人間の印象を受けたという。「巧言令色鮮《すくな》し仁」である。夫人との間に六人の子供をもうけたが、妻の秘書を愛人にして離婚騒ぎになった。こうした性格の弱さをスターリンに見ぬかれ、徹底的に利用されたものと思われる。

## ソ連の支那工作

**【支那への浸透】**――――ソ連共産党は政権奪取直後から中国共産党を設立し、毛沢東らに資金と武器を供与し東部国境工作に利用していた。しかし、共産党が国民党の組織を乗っ取る第一次国共協力の謀略が失敗したため、一九二七年から蒋介石と毛沢東の間で激しい国共内戦が発生した。この結果、国民党に入り込んでいたソ連人軍事顧問は追放された。

**【スターリンの口封じ】**――――スターリンは機密保持のため、歴史の重要な証言者を親族を含めて処刑した。スターリンは重要な謀略作戦が終わると、功績を挙げた工作担当者を「秘密を知りすぎている」という理由で口封じに処刑した。自分の通訳でさえ何人も処刑している。もし工作担当者が米国などに逃げても、専門の暗殺部隊（スメルシュ）が追跡したので、逃げ切ることはできなかった。

政敵のトロツキーもメキシコに逃げ左翼政府に保護されていたが、一九四〇年、女性秘書の友人に化けていた刺客にアイスピックで頭を刺され暗殺された。欧州駐在のソ連スパイのクリビッキーもスターリンの粛清を恐れて米国に逃げたが、ワシントンのホテルの一室で自殺死体となって発見された。一九二八年の張作霖爆殺事件に関係しているとされるメルニコフらの諜報員は、一九三八年頃からモスクワに召還され、日本のスパイという罪名で処刑された。西安事件の秘密を知る有名なボロディンは戦争中、蒋介石の監視と中共との連絡のため重慶に駐在していたが、終戦直前の一九四四年にモスクワに召還され、外国のスパイとして一九五一年に極北の強制収容所で処刑されている。

スターリンの急死後、有力後継者のベリヤらが保身のため犯罪行為の証拠となる大量の機密文書を無差別に焼却してしまったので、歴史家はスターリンの謀略を調べるためには、公開された状況証拠からできるだけ合理的に推察することが必要になるのである。

## ソ連の対日工作と日本の対ソ防衛

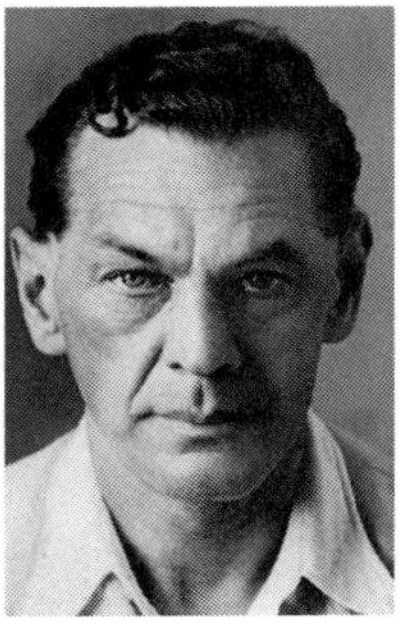
ゾルゲ

**【対ソ防衛の重視】**――日本は江戸時代から三百年以上にわたりロシアの南下侵略に苦しみ領土を奪われてきた。日露戦争には幸い勝利したが、戦前の日本は帝政ロシアとその後のソ連を最大の仮想敵国と見ており、朝鮮、満洲を緩衝地帯として警戒していた。国内では治安維持法と公安警察である特別高等警察によりソ連の侵入を警戒していたが、外国に比べ監視が甘かったためソ連スパイの浸透を許してしまったのである。

**【共産主義の浸透】**――三十年代には米国の大恐慌によりマルクスの予言が的中したとして、共産主義を信奉する人が世界中で急増した。日本でも名家の子弟や帝大生など当時の超エリートが左翼に走った。彼らは摘発されても偽装転向し官庁や満鉄などに就職したので、ソ連寄りに日本の政策を動かした可能性がある。また、軍隊内にも浸透していた可能性がある。しかし彼らのほとんどは無知な理想主義者であり、共産主義者が政権を取ったソ連でどのような恐怖政治が行われているか知る者はいなかった。（参考『大東亜戦争とスターリンの謀略』三田村武夫著　自

由社）

**【日本人左翼の悲劇】**――――日本人左翼の中にはソ連を誤解し憧れて、密入国する者まで現れた。しかし、そこで待っていたのは残酷な拷問と処刑だった。

一九三八年の杉本良吉と岡田嘉子《よしこ》の悲劇はよく知られている。杉本はすぐに拷問でスパイとされ銃殺された。岡田は強制収容所に送られたが、生き延びて戦後日本に一時期、帰国して生活した。しかしソ連に戻り、二度と日本に帰国することはなかった。ソ連の秘密を知ったために日本に永住帰国することは許されなかった可能性がある。寺島儀蔵は日本共産党員であったが、一九三五年に樺太からソ連に密出国し共産党運動のために働こうとした。しかし逮捕され、当初は死刑判決を受けたが変更され、強制収容所で二十年間にわたり奴隷労働に服した。彼は幸いにもスターリンの急死で生き残り、貴重な記録『長い旅の記録』（中公文庫）を著している。彼も一時帰国は果たしたが、ソ連は秘密を知られているので日本への永住帰国を許さなかった。

**【ゾルゲ事件】**――――ゾルゲはソ連が一九三三年に日本に送り込んだ独人ソ連スパイである。彼は独人記者として東京で八年間活動したが一九四一年九月、米国から帰国した女性共産党員の調査から正体が露顕し逮捕され、一九四四年に巣鴨拘置所で処刑された。戦後、台湾の国民党の情報担当者は、支那事変における日本軍の行動があまりにもスターリンの戦略どおりに進んだので、日本政府内にソ連のスパイが入り込んでいたのではないかと推察しているほどである。ゾルゲはその一人であった。ゾルゲは、近衛首相に近い配下の元朝日新聞記者、尾崎秀実《ほつみ》を使って日本政府の最高機密情報を盗むだけでなく、支那事変の拡大を主張させた。このほかにもコード名「エコノミスト」など、当時の日本中枢には日本人ソ連スパイが複数系統入り込んでいたと思われる。

**【尾崎の異常性】**――ゾルゲスパイ団の尾崎が属していた昭和研究会の会員の酒井三郎氏は『文芸春秋』昭和三十九年十月号で次のように語っている。

「私たちの中心メンバーは支那事変不拡大を唱えていたが、尾崎君は突然積極論者になり、漢口を攻略すべしと主張し、近衛公にこの意見書を出すといきまいていた。この尾崎の積極論に対して石原莞爾大佐が何の根拠をもってそんなことを言うのか、と烈火のごとく怒ったのを目撃している」

これからも支那事変の深化がスターリンの狙いであったことが分かる。

**【特高係長の慨嘆】**――ゾルゲを逮捕した宮下弘氏は戦後、「もう少し早くゾルゲを検挙できていれば、支那事変の背後にいるのが米英ではなく、第二次国共合作（西安事件）で蒋介石を傀儡にしたソ連であることが分かり、対米英戦が防げたかもしれない」と述懐している。

**【ゾルゲ逮捕の歌】**――ゾルゲはナチス党員のドイツ人だったので、日本側は当初ドイツのスパイか、ソ連のスパイか、あるいは二重スパイなのかと疑ったという。ゾルゲ逮捕後、宮下氏は次の戯《ざ》れ歌を作り外事課との宴会で踊った。

♪　やおらゾルゲは立ち上がり、ナチの上着を投げ捨てて、中は真っ赤だ、敗北だ、日本警察、勝ちました

日本の特高は左翼鎮圧で戦後に非難されたが、スターリンの謀略工作を防ぐために必死の努力をした日本のＦＢＩであり、正しいことを確認しておきたい。左翼こそはスターリンの手先であり悪であった。

**【日本人は蟹】**――ゾルゲは一千冊もの日本関係の蔵書を持っており、スパイでなければ日本研究者になりたかったと述べたという。「日本人は蟹のようだ。外は堅いが中は柔らかい。機密を守るのに向いていない」と述べたことは有名だ。日本人同士信頼し合うという民族の慣習が外国人に悪用されたのである。

**【スパイゾルゲの評価】**――ゾルゲは余りにも情報通なので、東京の外交界で疑われ始めた。このため身の危険を感じソ連帰国を望んでいたが、スターリンは許さなかった。実はスターリンは、大酒飲みで女癖が悪くオートバイ事故を起こすような不注意なゾルゲを疑っていたという。ゾルゲの上司のベルジン将軍やゾルゲのソ連人妻も処刑されていたので、ゾルゲはソ連に帰っても処刑されたと思われる。スターリンはゾルゲについて、戦後も一切関与を否定した。ゾルゲが顕彰されたのはスターリンの死後、フルシチョフになってからである。現在、東京の多磨墓地に

立派な墓が作られ、東京のロシア大使館が大々的に顕彰をしている。日本は馬鹿にされている。大いに憤らなければならない。

**【中国諜報団事件】**――――支那事変中にも、親日の南京政府に日本人も参加した中国共産党の組織が浸透していた。このため重要情報は、日本軍嘱託などに偽装した日本人スパイを通じて中共とソ連に筒抜けになっていたのである。（『特高の回想』宮下弘著　田畑書店）

このほかにも、スターリンの死後の機密資料庫には、日本の高位の人物と思われるソ連スパイ、コード名「エコノミスト」からの真珠湾攻撃計画の通報が残されていた。専門家は、これは英国で学んだ元老の家系につながる左翼の「S・K」ではないかと推察している。

**【対米開戦方針ソ連に通報】**――――日本政府中枢に大物スパイ存在、四一年当時極秘文書で判明。（東京新聞記事二〇〇五年八月一三日付要約）

「『モスクワ＝共同』太平洋戦争が始まった一九四一年、日本政府内部に暗号名『エコノミスト』と呼ばれるソ連の日本スパイが存在し、日本の対米開戦方針にかかわる重大情報をいち早く最高指導者スターリンに通報していたことが十三日までにソ連国家保安委員会（ＫＧＢ）の前身である内務人民委員部（ＮＫＶＤ）の極秘文書から明らかになった。同年十月には東京でソ連のスパイ、ゾルゲらが逮捕されており、ドイツと日本の挟撃を恐れるソ連が日本の中枢部に迫る複数の諜報網を築いていた実態を示すものである。

共同通信が入手した内務人民委員ベリヤからスターリン、モロトフ外相への一九四一年九月九日付け『特別報告』によると、『エコノミスト』は当時の左近司政三《さこんじ》商工大臣が九月二日要人との昼食で日米交渉決裂なら開戦となり『九月、十月が重大局面』と明かしたと報告。また対米関係悪化のためソ連とは和平を維持し外交方針はこれらの原則を基礎に決めるとの商工大臣発言を伝えた。その四日後の九月六日、日本は御前会議で『帝国国策遂行要領』を決定。対米交渉の期限を十月上旬、戦争準備完了の目標を同下旬とし、開戦方針を固めた。

『エコノミスト』の報告は、元海軍次官で機密に通じた重要閣僚の発言を詳細に報じ、御前会議の決定をおおむね先取りしており、対独戦に専念するため日本の対米開戦を期待していたソ連指導部には極めて重要な情報だったと見られる。

『エコノミスト』の正体は不明だが、大臣の昼食に同席、また会話を直接知り得る立場にあったと見られる。東京のソ連大使館にいた諜報機関ＮＫＶＤ（後のＫＧＢ）要員ドルピンと連絡しており、外交団と公に接触できる高い地位の公務員との見方もある。同年十一月のベリヤからスターリンへの報告書などにも『エコノミスト』に関する言及があった。開戦後もソ連に情報を流していた可能性がある」

**【ソ連貨物船に遭遇】**――一九四一年十二月、ハワイ攻撃に向かって航行中の日本海軍機動部隊は、一隻のソ連貨物船に遭遇した。南雲《なぐも》司令長官は日ソの外交関係に配慮して撃沈せずにすれ違った。この季節の北太平洋は時化《しけ》が多く、航行する船舶は通常なかったから、この異例の貨物船はスターリンがスパイの情報を確認するために送りこんだ可能性がある。

**【ソ連スパイ】**――――戦争中の「企画院事件」の逮捕者の一人「K・S」は戦後、社会党の著名な代議士になったが、ソ連崩壊後に公開された機密文書によりコード名を持つ正式のソ連スパイであったことが分かった。ロシア問題の専門家によると、東京裁判で開戦時の外相、東郷茂徳《しげのり》は米国に死刑を求刑されたが、異例のソ連の要求で助命されたという。この理由は謎である。

**【特別高等警察】**――――左翼は特高を非難するが、日本にとって左翼は敵であり、後に日本はソ連に滅ぼされ大量の犠牲者を出すのである。ソ連KGBは日本人を容赦なく拷問し処刑しており、特高非難は不当である。

第三章

# 大東亜戦争の真偽

# 支那事変

蔣介石

**【支那事変とは】**――――この戦争は、スターリンが独ソ戦に備えて東西挟撃を防ぐため、東部国境の反共勢力であった蔣介石と日本を戦争させて無力化を謀《はか》ったものである。実際には西安事件で捕らえた蔣介石を使って、上海の日本人を奇襲攻撃させた。これに満洲狙いで日本を敵視するルーズベルトが便乗して蔣介石に大々的な軍事援助を行った。日本は自衛上、反撃したため支那本土の大戦争に引きずり込まれた。日本軍は戦場では圧勝したが、スターリンが蔣介石に講和を禁じたので戦争は泥沼化した。日本軍は現地親日政権と支那の半分以上を支配したが、最後は日本は日米戦争により本国が破壊されたので降伏した。支那事変は日本が終始優勢であったため、日本の降伏は現地日本軍と現地支那人に驚かれたという。戦後再開した国共内戦で蔣介石は敗退し、台湾に逃亡した。

**【中共の成立】**――――その後、台湾では蔣介石親子の独裁を経て民主化が進み、現在は大統領制による統治が行われている。大陸では毛沢東が支那を三十七年ぶりに統一して恐怖政治を行ったが、毛の死後、経済の自由化が進んだ。しかし政治では共産党の独裁が続き、今では中共経済の巨大化と強引な侵略政策を見て西側世界は警戒を強めている。

**【ポイント】**―――戦争の原因、発端、経過、終戦事情、そしてその後の影響である。蔣介石は傀儡であったから、背後の黒幕であるソ連、米国の動きが重要である。

経過については内容が複雑なので期別に分けて考えたい。発端は一九三六年十二月の西安事件である。よく言われているような満洲事変や盧溝橋事件ではない。その後一九三七年上半期は蔣介石の戦争準備期、そして一九三七年七月からの一ヶ月が盧溝橋や通州事件などの対日挑発期である。そして八月十三日から蔣介石の上海奇襲攻撃が始まり、大戦争となった。そののち日本は講和を何度も提案するが、蔣介石が受けなかった。このため日本は、一九四〇年から汪兆銘《おうちょうめい》を首班とする親日政権を樹立した。戦線は膠着したが、戦闘では日本軍が数倍の敵に対し九割以上の勝率を占め常勝していた。

**【戦争の実態】**―――支那事変は戦後「日中」戦争といわれるが、その実態は日本と蔣介石軍閥との戦いであり、日本は南京親日政府とは戦っていないから「日蔣」戦争というのが正しい。蔣介石は軍資金も武器もなく自力では一日も戦争が出来なかったので、補給面から見てもこの戦争は蔣介石を代理に使ったソ連と米国の対日戦争であったことを知っておきたい。

**【分かりにくい支那事変】**―――この戦争の疑問は、なぜ蔣介石が支那統一目前に長年の戦略方針を放棄して、見当違いの自軍主力部隊を損ねる対日戦争を起こしたのか。また、日本軍がなぜソ連という最大の仮想敵国がありながら横道にそれ、支那大陸の戦争に深く入り込んでいったのかということである、ともに自殺行為であったからである。実際、蔣介石は戦後再開した国共内戦に敗れ大陸から追い出され、日本は八年後に日米戦争に加え、ソ連に中立条約を侵犯され、一度は滅亡するのである。

【黒幕スターリン】――スターリンのこの戦争の狙いは、独ソ戦を控え、東部国境の二大反共勢力である日本と国民党の蔣介石を戦争させて無力化することであり、見事に成功した。ただ、日本が予想外に勝利したため、用心深いスターリンはさらに日本軍を南下させるべく、米国の支那満洲進出欲を利用して日米戦争をそそのかしたのである。こうして東部国境の安全を二重に確保した上でスターリンは対独西部戦線に専念したのである。

【発端は西安事件と蔣介石の降伏】――一九三六年十二月十二日、西安で発生。当時の国民党の蔣介石は九年がかりで毛沢東の率いる共産軍との内戦に勝利し、支那の九割以上を支配したことで「支那統一の最後の五分前」といわれていた。毛沢東ら中共の幹部は、延安から飛行機でソ連に脱出する計画であったという。こうした状況で蔣介石は部下の張学良の要請を受け、最後の延安総攻撃の打ち合わせに西安に赴《おもむ》いた。しかし、これがワナであった。蔣介石は南京帰還日の早朝、部下の張学良と楊虎城《ようこじょう》の反乱軍に華清池の宿舎を包囲され、護衛隊を射殺されて裏山に逃げたところを逮捕され、監禁された。

**【蒋介石解放と方針大転換】**——世界が固唾《かたず》を呑んで事件の進展を見守っていると、二週間後に蒋介石は一応無事に釈放され、実行犯の張学良とともに首都南京に戻った。すると蒋介石は九年がかりの支那統一方針を放棄して中共攻撃をやめ、直ちに対日戦争の準備に入った。これを第二次国共合作（協力）という研究者もいる。

**【張学良の動機】**——張学良が蒋介石の死後、後年ハワイで産経新聞の記者に述べたところによると、蒋介石から延安総攻撃命令を受けたが、その狙いは自分の軍閥の手勢を滅ぼす陰謀ではないかと疑った。そこにかねて接触のあった中共が軍事協力の提案を持ってきたので、陰謀に乗ったという。張学良は満洲事変で日本軍に満洲から追い出され蒋介石の国民党軍に身を寄せていたが、蒋介石に不信感を抱いていたのである。張学良は蒋介石に即時内戦中止を主張したが、それは延安に追い詰められていた共産党への支援に他ならなかった。

**【ソ連の策謀】**——西安事件は、戦後も蒋介石や張学良を含む関係者が事実を明らかにせず謎といわれてきた。これはもちろん、公表すると支那事変の戦争責任問題で日本が有利になり、スターリンと蒋介石そして中共側に不利になるからである。しかしその後の経過からみるとこの事件は結局、スターリンが中国共産党に張学良を使ってやらせた謀略工作と推測される。中共も蒋介石の休戦で利得を得たが、当時のスターリンの厳格な中共の統制ぶりと、直後のソ連の大規模な軍事介入からみて、首謀者はスターリンとみられる。

一九二六年の中山艦事件では危うく誘拐を逃れた蒋介石も、執念深いスターリンの二度目のワナに捕まり、スターリンの脅迫に屈服して対日戦争を始めることを約束させられた。その代償と条件は、蒋介石自身の生命と十二年間もスターリンの人質になっていた子息の蒋経国の解放であり、事件後始まった大規模な軍事援助であろう。蒋介石はこのほかにも、屈服した秘密の写真や協定文など決定的な弱みを握られた可能性がある。共産主義者は冷酷で抜け目がないからだ。翌一九三七年四月、蒋経国はモスクワからロシア人妻を連れて帰国した。

【後悔する蒋介石】――――蒋介石が解放されると、張学良は西安飛行場で蒋介石の飛行機に強引に乗り込み南京に脱出した。事件が終われば用無しとなるので、共産党に口封じされる危険を感じたのであろう。そしておそらく満洲で収奪した莫大な金（当時で資産五億ドルという）を代償に、蒋介石夫人の宋美齢の保護を受けた。しかし蒋介石は二度と張学良に軍隊の指揮権を与えなかった。蒋介石は戦後、張学良を連れて台湾に逃げたが「お前のために支那を失った」と終生許さなかったという。（産経新聞記事「張学良会見記」）

張学良

【周恩来の予言】――――共犯の楊虎城は蒋介石の大陸脱出時に家族もろとも処刑された。米人左翼ジャーナリストのエドガー・

スノーは一九三六年六月（西安事件の半年前）共産党の本拠である延安を訪ね毛沢東と会見したが、毛沢東は対日戦で蒋介石に協力する用意があると述べている。毛はスノーを米国の情報員とみていたという。（『中国の赤い星』スノー著　筑摩書房）

そして周恩来は本音を話している。すなわち、スノーが「共産党は国民党との統一戦線工作で革命を止めるのか」と聞くと、周は「抗日戦争によって共産党が政権を取るだろう。抗日戦争の初日が蒋介石の失脚の始まりを意味するだろう」と予言した。戦後の結果はそのとおりとなった。しかしこの発言は蒋介石を警戒させるので、周恩来の要請で長く伏せられ、戦後の一九五七年になってスノーの『中共雑記』の中で発表された。

【エドガー・スノーの話】――西安事件では、蒋介石を殺すなというスターリンの指令を受けて毛沢東が真っ赤になって怒ったという話が、エドガー・スノーの宋慶齢からの伝聞として流布《るふ》している。しかし、これは謀略情報の可能性がある。その狙いは、毛沢東が蒋介石を捕らえそれをスターリンが利用したという時系列を強調し、スターリンの主謀性を隠すためであろう。まして当時の中共はソ連の顧問団が監視しており、毛沢東が恐ろしいスターリンの指示に少しでも異議を示すことは危険な上、対日戦という大規模なソ連の支援を必要とする大戦争を毛沢東がスターリンの許可なく計画することはありえないからである。

したがって、周恩来が語った蒋介石を殺さずに利用する対日攻撃の陰謀こそは「日蒋」共倒れを狙うスターリンの漁夫の利作戦であったと考えられる。ちなみに、ソ連のタス通信は西安事件をあろうことか日本の陰謀と発表している。

**【戦争準備状況】**――蔣介石は西安事件以後、ソ連の大々的な軍事援助を受けて対日戦の準備を進めた。『蔣介石秘録』によれば、兵員は第一線百個師団、予備軍八十個師団、食糧は百万人、軍馬十万頭の六ヶ月分という膨大なものであった。一方の日本軍は戦争の準備をまったくしていなかった。蔣介石が主戦場に準備した上海の郊外には、水冷式重機関銃付きのトーチカ陣地が数万棟も構築され、巨大な死のワナとなった。このため八月に上陸した日本軍は予想外の大損害を受けるのである。

**【ソ連の援蔣《えんしょう》】**――ソ連は西安事件以降、蔣介石に極秘裏に三億ドルに上る莫大な軍事援助を開始したが、これは最終的には戦闘機、爆撃機など軍用機一千機、操縦士、整備士、軍事顧問など軍事要員四千人という大々的なものとなった。これだけで支那事変がソ連の代理戦争であったことが分かる。

中ソ不可侵条約は一九三七年の八月下旬に公式発表されているが、ソ連の実際の軍事支援活動はその前に始まっているので、発表は時期の偽装と見るのが合理的であろう。ソ連の軍事援助は鉄道駅から鉄道とトラック輸送により外モンゴルを横断し古代の通商路を使って蘭州に送られていた。戦記『大空のサムライ』によると、海軍の名パイロット坂井三郎は零戦《ぜろせん》で蘭州基地を強襲している。蘭州が北方のソ連の援蒋の大補給基地であることは知られていた。

**【挑発期】**――――これは一九三七年七月からの一ヶ月間である。この時期に盧溝橋事件、廊坊《ろうぼう》事件、広安門事件、通州事件、大山中尉事件などが続発するのである。日本は意図を図りかねて、もっぱら現地で局地停戦に務めたが、収まることはなかった。

**【満洲事変との関係】**――――満洲事変は戦後、支那事変の原因とされ、十四年戦争などと呼ばれるが、支那事変とは関係がない。すでに一九三三年のタンクー停戦協定で日本と蒋介石は講和しており、実際その後の満洲国内では日本と蒋介石間の戦闘は何も起きていないからだ。これも真の原因、国内である西安事件を隠すためのごまかしと見ることができる。

**【蒋介石の挑発の狙い】**――――蒋介石は戦争準備を進めるとともに対日戦の主戦場を用意した。それは盧溝橋事件の発生した北京周辺ではなく、南の上海地域であり、大規模なトーチカ要塞が建設されていた。盧溝橋事件が起きたときには蒋介石はすでに戦争準備を終え、上海に大軍を集結させつつあった。したがって、盧溝橋事件などの挑発事件は日本軍と世界の目をごまかすための陽動作戦であり、開戦責任を曖昧にするための下工作であったと考えられる。

**【上海の戦争準備】**――――「当時支那では対日戦に備えて上海郊外の戦場全部を要塞化して待ち構えていた。その規模は日本人の発想では考えられないほど大きかった。水路に囲まれた各部落では水路に面したところに五、六個の掩蔽壕《えんぺいごう》（トーチカ）を築いていた。トーチカは外に向かって銃眼があり、必ず一丁の（水冷式）重機関銃が設けられていた。トーチカの数は六万とも七万とも言われていた。大きなトーチカは兵隊が五十人も入れるほどであった。各トーチカは有機的に配置されており、敵に死角を与えないように設計されていた。このため私たちはどこから攻めてもトーチカからの銃撃を避けることはできなかったのである」（抜粋要約『上海敵前上陸』三好捷三著〈四国歩兵十二連隊〉図書出版社）

**【近代戦は補給戦】**――――日本人には支那事変が一九三七年七月八日の盧溝橋事件から発展したという誤解があり、今でも毎年七月になると誰が最初の一発を撃ったかという論議が盛んである。しかし近代戦は補給戦といわれるように、事前の入念な作戦計画と膨大な武器弾薬食糧の蓄積があって初めて可能になる。ヤクザの出入りではない。だから小競り合いが大戦争になることはないのである。

**【義和団事件と支那派遣軍】**――――当時、戦争でもないのになぜ北京や上海に日本軍が駐屯していたのか。これは清朝の滅亡で支那の治安が失われていたため、日本は米英などとともに自国民を守るべく、国際平和部隊を配備していたからである。北京周辺には米英仏伊も居留民保護のため戦車、大砲、機関銃を装備する各々千名前後の部隊を駐屯させており、軍事訓練を行っていた。しかしこの夜、日本軍だけが攻撃されたのである。

**【当時の盧溝橋事件の見方】**――――盧溝橋事件直後の天津の日本人租界では、事件が大戦争に

飛行機の翼越しに盧溝橋

なると考えていた人はいなかった。『天津の日本少年』（八木哲郎著　草思社）によると、筆者の父親（三井物産の天津駐在員）の所に来た同社社員も、「宋《そう》哲元の二九軍（北京地区の蒋介石派の軍閥軍）なんかひとたまりもありませんよ。蒋介石に言われてやむなく形だけ戦って見せるだけですから。すぐにケリがつきます。支那軍なんてそんなものですよ」と話していたという。情報通の大商社でさえ、裏で進行していた対日大戦争の陰謀にはまったく気がついていなかったことが分かる。

**【蒋介石の宣戦布告】**――――蒋介石は七月十七日には盧山での国防会議で「最後の関頭」演説を行い、自分から対日攻撃を仕掛ているにも関わらず被害者を偽装して、対日戦争の開始を全国に呼びかけた。

**【カンチャーズ事件】**――――これは一九三七年六月、盧溝橋事件の前月に、満ソ国境の黒竜江（アムール川）の島をめぐってソ連軍が意図的に越境して日本軍側が反撃した事件である。この事件の狙いは、日本軍の関心を満洲にひきつけ、支那本土（上海）で蒋介石が進めている対日戦の準備を隠蔽するためであったと考えられる。スターリンはいよいよ蒋介石と連携して支那事変の陽動作戦を開始したのである。

**【盧溝橋事件の発砲者は誰か】**――盧溝橋事件の発砲犯については日本軍説は否定されたので、国民党か中共のどちらかとなる。しかし国共は前年十二月の西安事件直後から、蔣介石が九年がかりの共産党攻撃を停止している。一九三七年九月の第二次国共合作の公表は時期の偽装であろう。したがって、日本人にとって発砲犯は日本側ではない以上、国共のどちらであろうと意味はないのである。

**【盧溝橋事件と日本軍】**――日本側は北京周辺で続発する対日攻撃事件の現地解決処理に気をとられ、上海で進んでいた対日大戦争の準備には気がつかなかった。情報機関の手落ちであり、残念なことであった。

**【民族迫害、通州日本人大虐殺】**――一九三七年七月二九日発生。北京方面で国民党軍の民族迫害が激化して日本政府が対応に苦慮している最中に、北京近郊の通州で日本軍守備隊と幼児を含む日本人市民、老若男女約五百名が蔣介石軍三千名に襲われ、約三百名が大虐殺を受けた。その被害のありさまは極めて凄惨なものであり、戦後の極東国際軍事裁判でも証言が行われている（ただし、日本人の被害は取り上げないという民族差別的方針で一方的に却下された）。

蔣介石の狙いは日本人を怒らせ、その後に予定されている対日攻撃で日本軍主力を本土から呼び込むための計画的な挑発であったと考えられる。

**【通州事件の記録】**――「極東国際軍事裁判速記録」証言。萱嶋高・歩兵連隊長（当時）は

通州事件翌日の様子

事件翌日の午後四時、現地に到着した。

「城内は実に凄惨なもので至るところ無残な日本居留民の死体が横たわっておりました。殆ど全部の死体には首に縄が付けられてありました。がんぜなき子供の死体や婦人の虐殺死体は殆ど見るに耐えませんでした」

「その記録は今日ありません。したがって私は私の目撃したことを主として記憶を辿り、左に陳述します。しかしそれはあまりにも残酷でありましたので、私は一生忘れることの出来ない印象となって頭に残っております」

「旭軒とかいう飲食店を見ました。そこには四十から十七、八歳までの女、七、八名は皆強姦され、裸体で陰部を露出したまま射殺されておりました。そのうち四、五名は陰部を銃剣で突き刺されていました。家の中は何もなく略奪されていました」

「錦水楼という旅館は凄惨でありました。同所は危険を感じた在通州日本人が集まったところでありましたものの如く、大量虐殺を受けております。（略）錦水楼の女主人や女中等は数珠繋ぎにされ手足を縛《ばく》されたまま、強姦されついに斬首されたということでした」

なおこの事件については、現場で事件を見た支那人の日本人妻が恐るべき回想録を残している。

（『通州事件　目撃者の証言』藤岡信勝著　自由社）

**【天津攻撃】**――同日、天津やタンクーでも日本軍守備隊や日本人居留区が数千の国民党軍によって攻撃されたが、日本軍守備隊が撃退している。蒋介石の計画的な奇襲攻撃であることが分かる。

**【日本人居留民】**――当時、天津在住の八木哲郎氏は『天津の日本少年』（草思社）の中で次のように記している。

「夜遅く機関銃や小銃の銃声がひっきりなしに聞こえてきた。七月二八日、日本の爆撃機が飛んでいるのが見えた。その日、中国軍（国民党軍）と日本軍の間に戦闘が起きた。しかし居留民たちは暢気《のんき》に爆撃を見物し、危険などどこ吹く風という様子だった。夜になると銃声がさかんに聞こえ出した」

この夜、通州では支那兵による日本人居留民大虐殺が起きていたのである。

**【対日攻撃直前の上海】**――この事件の裏で、本当の戦場になる上海郊外にはドイツ式の武器で装備した国民党の大部隊が集結し、ドイツ人軍事顧問の指揮の下、蒋介石の対日開戦命令をいまや遅しと待っていた。近辺の南京などの飛行場ではソ連軍人の飛行士とソ連製の軍用機も出撃準備を完了していたと思われる。

**【蒋介石の開戦命令】**――蒋介石の軍事顧問の米軍人シェンノートによれば、七月三十一日、蔣介石から対日戦の開戦命令を受けている。また、蔣介石夫人の宋美齢から上海の外人租界に戦争の切迫を警告するように命じられている。彼はルーズベルトに直接報告していたので、米国政府は蔣介石が支那事変を始めたことを知っていたと考えられる。蔣介石の対日攻撃を知った多数の上海市民は、戦争が始まるので荷車に家財道具を積んで郊外へ大々的に脱出を始めた。その大混乱の光景は当時のニュース映画から見ることができる。

**【大山中尉虐殺事件】**——蔣介石による日本人攻撃事件の続発で緊迫する中、八月九日には大山中尉と斉藤水兵が上海郊外の虹橋飛行場へ、蔣介石側の軍用機の違法着陸問題の調査に向かったところ、待ち伏せしていた蔣介石軍の攻撃で射殺され、頭蓋骨を割られるなど惨殺された。

これは蔣介石側が意図的に、直前に虹橋飛行場に米国顧問を使って軍用機を着陸させて、日本軍人をおびき寄せ虐殺したものと思われる。これも対日開戦を控えた蔣介石の、日本人を激昂させて冷静な判断力を奪うための工作であった。シェンノートはこの月、一万ドルという破格の特別ボーナスを蔣介石からもらっている。ちなみに年俸は一万二千ドルであった。ルーズベルトは支那事変の初めから重大な関与をしているのである。（『シエンノートとフライング・タイガース』吉田一彦著　徳間書店）

**【上海事変の勃発】**——蔣介石は八月十三日、国民党正規軍五万人に上海の長江支流に沿った日本人居留地（虹口地区）への攻撃を命令した。このとき居留地には、激化した反日迫害を逃れて長江沿岸から多数の日本人が脱出してきていたので、邦人の人口は二万人に膨れ上がっていた。もし防衛に失敗すれば通州大虐殺の二の舞となるのは必定なので、日本人は団結して文字どおり背水の陣を敷いた。日本軍の防衛態勢は、事態の急変時にわずか四千名の海軍特別陸戦隊の水兵が居留区を守っていただけであった。しかし日本軍と居留民は一致協力して、敵の猛攻にさらされながら反撃し、追い風を利用して火事を起こすなど智謀の限りを尽くして防戦に努めた。当時の日本人男子は徴兵訓練を受けていたので、危機に当たり組織的な防衛行動が取れたのである。

**【国民党軍の無差別爆撃】**――――国民党軍機は、十三日の偵察に続き、十四日には日本巡洋艦出雲《いずも》のほか国際租界を無差別爆撃し、欧米人や支那人が二千名近く爆死した。この中にはパレスホテルに泊まっていた、後のライシャワー駐日大使の令兄も含まれている。米国の客船フーバー号も被爆したが、ルーズベルトは後の十二月の日本軍によるパネイ号誤爆事件と違い、蔣介石に強い抗議はしなかった。すでに米国は中立を捨てシェンノートらを蔣介石の軍事顧問に送り、差別的な「反日援蔣」の方針を決めていたのである。

**【日本海軍の反撃】**――――空母及び台湾基地の日本海軍航空隊は翌十五日から反撃し、南京や南昌、蘇州など周辺の飛行場に駐機していた国民党軍機を撃破した。

**【ソ連支援の証拠】**――――「昭和史研究所会報」平成十二年六月十日号の対談から抜粋要約。

中村（昭和史研代表）「南京の大校飛行場に支那以外の第三国の軍用機はありましたか？」

田形（陸軍飛行第八大隊・陸軍軍曹）「海軍の渡洋《とよう》爆撃（一九三七年八月十五日）で破壊されたソ連の軍用機が三十機位ありました」

ソ連軍機の配備には事前に搭乗員、整備兵、弾薬などの準備が必要なので、八月下旬の中ソ不可侵条約の公表前からすでにソ連軍が支那に大規模に入り込み、蔣介石の対日攻撃を支援していたことが分かる。また、ソ連人操縦士の存在も明らかになった。

田形「日本が南京を占領してから支那（蔣介石）側が月に十回位、十機編隊で南京を爆撃し、彼らの爆弾で支那人がやられたわけです。そのうち二割を撃墜しましたが、パイロットは三機に一機位はソ連人でした。『何だ露助《ろすけ》じゃないか。俺たちはどこの国と戦っているんだ』と、みなで言ったものです」

**【日本人の抵抗】**――居留地の日本人は蔣介石軍の奇襲に対し一致団結し、必死に持ちこたえた。これには日本海軍の巡洋艦などからの艦砲射撃、加賀、龍驤《りゅうじょう》、鳳翔の三隻の空母艦載機からの地上支援、台湾、日本本土からの台風をついて行った海軍の九六式陸上攻撃機による渡洋爆撃が大きな威力を発揮したのである。

**【ユン・チアンの張治中将軍説の疑問】**――ユン・チアンの著書『マオ』（講談社）では、蔣介石の部下の将軍・張治中が共産スパイで、蔣介石の許可なく対日攻撃を命令したとしている。

しかしそれまでの対日戦争用の上海の六万ものトーチカ陣地の建設、西安事件直後からの大量のソ連の軍事援助の受け入れ、四十万に上る大軍の膨大な兵器弾薬の手配などはすべて蒋介石が命じているものであり、張治中将軍一人が支那事変そのものを起こしたというのは無理がある。

**【独の対日戦そそのかし説】**――――これはドイツが兵器を売るために対日戦争を起こさせたというものであるが、疑問がある。というのは、支那統一直前の蒋介石にとって対日戦は、統一が遅れ兵力や資金を失うだけなので利益がない。また、対ソ戦を控えたヒトラーにも戦略的利益がないから、合理的ではない。実際ヒトラーは、日本案をもとに蒋介石に講和を提案しており、失敗すると翌年には独軍事顧問団を撤退させている。

**【日本の運命の選択】**――――支那情勢の急変にあたり日本政府内では対応方針をめぐって「支那からの撤退論」と「対蒋介石一撃講和論」の二つに意見が分かれた。参謀本部の第一部長、石原莞爾少将らは北方のソ連の危険性を重視し、支那での大戦争を避けるため撤退を主張した。この心配は後のソ連の攻撃で的中する。一撃講和論は蒋介石の主力を一度撃破してから有利な条件で早期講和を結ぶことを望んでいた。しかしこの派も支那での大戦争は望んでいなかった。

日本は石油も鉄もなく、大陸で長期戦を戦う国力はなかったからである。ただ、大本営参謀の瀬島龍三によれば、当時の日本軍中枢には「支那軍閥は一撃すれば参る」という思い込みがあったという。これは蒋介石だけなら正しかったが、今回は後ろにスターリンがついていた。

**【米国武官の分析】**――――後年、米国の支那派遣軍司令官となった支那通のスティルウェル大佐は、当時の日本政府の選択として、「上策は一定地域限定の持久堅持か撤退であり、そうなれば蔣介石は一時的勝利を得るが、再び共産軍と戦うことになる。下策は反撃して全面戦争に引きずり込まれること。しかし、上策はよほど強い政府と冷静な国民でなければ不可能なので、日本は結局、下策を取ることになるのではないか」と記している。その後の展開はその通りとなった。

（抜粋要約『日中戦争』児島襄《のぼる》著　文春文庫）

実に残念であった。

**【出兵と大被害】**――――日本政府は、国民が通州事件や大山中尉事件などの日本人迫害虐殺事件に激昂していたことと、上海の事態が切迫してきたので、蔣介石主力を一撃して講和する方針を採用し、本格的に本国から大軍を上海地区に送り込んだ。まさにスターリンと蔣介石の狙い通りとなったのである。待ち構えていた蔣介石は早速、上陸した日本軍を強力なトーチカ陣地に引きずり込み大打撃を与えた。このため日本軍は二週間で一万人もの大量の戦死者と負傷者を出し、名古屋第三師団は壊滅した。これはそれまでの日本の近代戦の歴史では、日露戦争の旅順要塞攻撃を上回る最悪の被害となった。しかし、この悲劇は知られていない。

**【上海事変従軍体験者の記録】**――――『上海敵前上陸』三好捷三著（図書出版社）から抜粋要約する。一九三七年九月三日（蔣介石の上海対日攻撃の三週間後）、九州帝大卒で四国歩兵十二連隊の兵士であった三好氏は、上海近くのウースン岸壁に上陸する。岸壁は意外に高く十メートル近い。敵は沈黙を保っている。

「私は大丈夫だと思ってビリから上っていた。

……しかし岸壁に這い上がった私の目を射た風景はまさに地獄であった。岸壁上一面が見渡す限りの死体の山で、土も見えないほど折り重なっていた。まるで魚市場に積まれたマグロのように数千の兵士の屍が雑然と転がっている。これは十日前に敵前上陸した名古屋第三師団将兵の変わり果てた姿であった。

私はこの有様を目にした瞬間、脳貧血を起こして倒れてしまいそうになった。

上海事変、攻撃に備えて待機する日本軍

八月二三日に上陸した第十一師団、山室宗武《そうぶ》中将が戦後に語っているところによれば、この作戦の犠牲者は一万人に上っていたという。当時戦争に死は付きものと考えていた私も、この残酷な光景を目にして、……私自身も死と隣り合わせで生きていることを実感した。

……上海戦線での中国軍（国民党軍）の射撃は、射撃というより弾幕攻撃といったほうが正しかった。数発ではなく数百発が飛んでくる。……どのような武器を使っているのか不思議だった。

のち占領した敵の陣地で水冷式重機関銃を見つけた。中国軍はこの優秀な銃を並べて二十四時間休む間もなく弾幕を張っていたのである。

……戦闘が終わったので周りを見渡すと、恐れていた通り中隊の被害は大きかったらしい。一人の将校が倒れていた。もしやと思っていくと、やはり田中中隊長であった。瀕死の重傷であった。『隊長しっかりしてください。自分が助ける。しっかりするんだ』、中隊長は目を細くあけて、『おれはもうダメだ。今の支那兵は匪賊とは違う。強い。死ぬなよ、三好、最後まで死ぬなよ』

私はなす術もなくただ呆然としていた。そのあと中隊長は私の膝の上で亡くなった。田中中隊長は、前進の時はいつも（一番危険な）中隊の先頭に立って進軍していた。上陸して十二日目であった」

三好氏の部隊はたった十日間の戦闘で二百名から二十名に激減していた。

**【戦死者の石像】**――――名古屋地区の遺族は、戦死者を悼んで石像を作った。これは当初、名古屋市の千種区月ヶ丘に安置されていたが、現在は知多半島の中之院に移設されている。ぜひ護国神社に安置したいものである。

**【戦局の転換】**――――八月下旬に上陸した日本軍は蒋介石の大軍に包囲され、その後二ヶ月以上にわたり上海のトーチカ地帯に釘付けとなり、大きな犠牲を出し続けていた。そこで日本軍はこの苦境を打開するために、十一月に別の柳川兵団を上海の背後の杭州湾から上陸させた。すると蒋介石軍は挟み撃ちを恐れて総崩れとなり、南京を目指して壊走《かいそう》した。以後、終戦までの八年間、支那事変では日本軍の戦場の優勢は変わらなかった。

「……私たちは知らなかったのだが、そのとき杭州湾上陸部隊は、対峙している中国軍（国民党軍）の後方に迫って攻撃していたのである。日本軍は北の揚子江岸から南東の上海市郊外にいたる四十キロにわたり、明日の決戦のために十万の兵を展開していた。中国軍は三十万から四十万の兵力であった。

夜明け近くになって対岸の敵の陣地一面に左から青、青、赤の信号弾が中空高く上がった。『おい、いかんのう、敵の総攻撃の信号と違うか』。私たちは緊張した面持ちで待機していた。ところが信号弾の消えた後、中国軍の射撃がウソのように止まり、あたりは異様な静けさに包まれた。夜明けになってひとりの兵隊が突然『班長、見てくる』といったかと思うと、クリークの岸に姿を消した。しかし音沙汰がない。止めてやればよかったと後悔していると、『班長、敵の陣地はも抜けの殻じゃ。敵は退却しているぜ』という。私たちが二百メートルほど走ると、上海─南京道路に出た。道路上は次第に騒がしくなり日本兵で充満し始めた。見渡す限り活気に包まれていた。二ヵ月半の地獄のような上海戦は終わった。兵隊たちは抱き合って喜んでいる。『戦争は済んだ。終わったんだ』。将校までが興奮してあとひと踏ん張り、と叫んでいる」（抜粋要約『上海敵前上陸』三好捷三著　図書出版社）

**【反日宣伝の南京大虐殺事件】**――一九三七年十二月十三日、上海から逃げる国民党軍を急追した日本軍は、講和条件を作るために北上して首都南京を占領した。当時は、敵の首都を占領すれば戦争は終わりと思われていたのである。

この時にいわゆる「三十万人の南京大虐殺」が起きたと欧米で宣伝されたが、これは東中野修道教授らの研究で明らかなように、必要な大規模収容施設や軍隊の行動記録、伝票を含めた物証が皆無なので国民党の戦時反日宣伝と分かる。

社会的な事件では物証を全部消滅させることは不可能だ。人口統計を見ても当時の南京の人口は二十万人で、虐殺されたという三十万人に到底足らない。さらに占領後すぐに人口が二十五万人に増えた事実も大虐殺事件を明らかに否定している。

**【南京占領時の従軍体験談】**――「南京陥落で中国兵（国民党兵）を処刑したのが南京虐殺と言われたものだと思います。しかし、南京作戦で逃げた中国兵は翌年の徐州作戦で再び日本軍と戦っています。ですから日本軍としては中国兵を殲滅しなければなりません。それが戦争ですし、そうでないと今度は日本軍がやられてしまいます。そういう全体を分からないと、一部分を取り上げても間違いになります。しかし、市内をスケッチをして廻りましたが、市民の虐殺というのは一度も見ていません」（住谷磐根画伯談　当時海軍従軍絵画通信員）（抜粋要約『南京事件日本人48人の証言』阿羅健一著　小学館文庫）

阿羅健一氏は「日本人なら日本人の言うことを信じよう」と述べている。

**【パール判事の疑問】**――――南京事件についてインド代表のパール判事は、東京裁判で疑問を提起している。

①直接証拠が提出されない。何一つ証拠のない伝聞だけである。当然、警戒が必要である。

②被害者の証言を見ると不思議なほど酷似した状況の下に脱出していることが分かる（芝居の可能性）。

**【日本軍の国民配慮】**――――戦前の日本軍は国民軍であったから、帝大出のエリート青年や名家の子弟も一兵卒として平等に兵役に就いた。また、すでに普通選挙法が施行されていた。このため兵士の生命は、ソ連のスターリンや蔣介石の人命使い捨ての軍隊とは比べものにならないほど貴重であった。兵隊は兵士の命を徴兵通知の葉書代の一銭五厘にたとえたというが、あくまでも冗談であり嘘である。このため政府も軍も、目覚ましい戦果のない自国民軍の大損害は許されなかったのである。

**【戦線の拡大化と深化】**――――日本政府と軍部は、上海戦で予想外の大損害を被り大きな衝撃を受けた。そしてこのままでは国民に申し訳が立たないので、講和のために目覚ましい戦果を求めて戦線を拡大した。しかし、首都南京を占領しても蔣介石は講和を受け入れない。この結果ついにスティルウェルの予想したように、局地的反撃が全面戦争に発展したのである。戦争では進攻は可能でも、一方的撤退は極めて危険で困難である。日本はスターリンと蔣介石の仕掛けたワナに嵌《は》まってしまったのである。

**【講和不調と近衛声明】**――日本軍は上海事変が始まると講和を模索した。米国のルーズベルトは日露戦争当時とは異なり仲介を断ってきた。そこでヒトラーに仲介を頼むと、ナチスドイツの駐支大使に講和仲介を命じた。トラウトマン大使工作である。しかし蔣介石はすでにスターリンの傀儡であり、日本を大陸の戦争に引き込むことが任務であったので、講和条件の内容に関係なく受諾できなかった。したがって、講和提案を拒否された近衛首相が述べた「蔣介石を相手にせず」という方針は実質的には正しかったのである。

日本は蔣介石側の事情が分からず、講和の圧力をかけるためにさらに奥地まで占領した。しかし蔣介石はこの後も、自分に有利なものを含めて二十回近い日本の講和提案を一切受け入れることはなかった。ソ連に降伏している蔣介石には当事者能力がなく、提案に対応した狙いはただ日本側の手の内を見るためだけであった。

**【国民党最高幹部会の講和賛成】**――しかし蔣介石は、対日戦争は国民党軍主力を損耗させ共産軍の再建を助けるだけなので、本音では早期講和を望んでいたと思われる。このため、蔣介石を傀儡に使っていたスターリンとルーズベルトは、蔣介石に対日戦争をやめさせないようにあの手この手で脅したり、すかしたりしている。汪兆銘の回想によれば、一九三七年十二月六日、国民党最高国防会議が漢口で開かれ、日本の講和提案が検討された。白崇嬉将軍が、この条件なら日本と戦争をしている意味がない。受諾すべきだというと一同賛成した。しかしこの報告を聞いた蔣介石はスターリンに意見を聞いた。するとスターリンは、講和を受諾すれば蔣介石を支持しないと脅したという。蔣介石が意見を聞いたということは、蔣介石自身が講和を望んでいたことを意味する。（『ソ連と極東』Ｄ・Ｊ・ダーリン著　法政大学出版局）

**【ミョウヒン工作】**――蔣介石が日本に持ちかけてきた講和は、一回だけあった。それは、一九四五年三月のミョウヒン工作である。この頃になると日本の敗戦と支那撤退が明らかになったので、蔣介石は国共内戦再発の危機を感じ、裏でつながっていた親日の南京政府高官のミョウヒンを日本に送り、講和と日本軍貸与による反共戦の協力を要請してきた。しかし時すでに遅く、まとまらなかった。ミョウヒンは戦後に逮捕されると、弁明を許されず蔣介石に処刑された。口封じと思われる。

**【ドイツ軍事顧問団の撤退】**――上海事変で日本が大損害を受けた原因の一つは、ソ連軍の支援とともに、国民党軍がファルケンハウゼン将軍以下の有力なドイツ人軍事顧問の指揮を受けていたためである。しかしヒトラーは、好条件の講和を仲介しても蔣介石が受け入れないので、ソ連の手に落ちたことをおそらく察知し、大損害を受けた同盟国日本の強い抗議もあり、蔣介石の強い引き留め要請にもかかわらず、翌年の一九三八年七月には軍事顧問団を全員帰国させた。

**【ルーズベルトの介入】**――ルーズベルトは支那事変に介入し、一九三七年初めには直接支那の現地情報を得るため、陸軍航空隊将校シェンノートらを蒋介石の軍事顧問に送り込んでいた。蒋介石もルーズベルトの反日路線を利用するため、米国政財界に蒋介石支援グループを組織し、大統領に高価な贈り物をするなどしてルーズベルトと親交を結んでいた。このため八月に支那事変が上海で始まると、ルーズベルトは日本を大陸から駆逐する絶好の機会と考え、「援蒋反日」の方針を固めた。そこで日本の講和仲介依頼を拒否し、十月には日本を疫病扱いする反日非難演説を行い、翌一九三八年に入ると蒋介石に莫大な軍事援助を開始した。まさに火に油を注いだのである。

**【反日宣伝】**――米国内でルーズベルトは、新聞や映画などマスコミを動員して反日宣伝を大々的に開始した。内容は支那人を弱者に見立てた事実の歪曲、隠蔽、偽造に満ちた日本攻撃であったが、日本のことを何も知らない米国人は真に受けて、米国社会には日本人に対するヒステリックで異常な憎悪が作られた。これが後の原爆連続投下による大殺戮の下地となるのである。その反日宣伝の悪影響は今日も利用されている。

**【援蒋の実態】**――米国の援助は最終的には総額十五億ドル、米英ソの援蒋物資は最高月量四万五千トンに達したという。これは四トントラック換算で日量三百五十輌に上る膨大な量であった。戦前の蒋は漢口に小銃工場しか持っておらず、ソ連と米国の援助がなければ一日も戦争を続けることはできなかったのである。しかし一九四一年、独ソ戦が始まると狡猾なスターリンはいち早く手を引き、米国にソ連の援助を全面肩代わりさせている。

**【ルーズベルトの蒋介石利用】**――――英国のC・ソーン教授はルーズベルトの蒋介石援助戦略について、「米国は支那満洲支配に野心があったが、本土から一万キロも離れあまりにも遠いので、国民や国際社会に対して正当化が難しい。そこで蒋介石を傀儡にして支配するという戦略だったのではないか」と述べている。このため蒋介石が日本と単独和平をするのを極度に恐れ、残忍な軍閥の蒋介石を「民主主義者、平和主義者」などと異常に持ち上げ絶賛した。

しかしその本音は、ヤルタ会談で蒋介石の了承もなくスターリンに外蒙古を割譲し、満洲における帝政ロシアの権益の復活を認めたように、蒋介石軍閥の「中華民国」を独立国家として認めておらず、傀儡としてしか見ていなかった。だから米国は、戦後に支那が共産化すると蒋介石を用済みとして弊履《へいり》のように捨てたのである。

**【蒋介石の厭戦と米国利用】**――――一方の蒋介石は、日本軍の予想外の強さに驚くと、その後は戦後の国共内戦再開に備えて、主力を損耗しないように積極的には戦わなかった。そして米国の援助の狙いを見透かすと、対日戦争の停止と講和で脅し、絶えず援助の増額を要求した。そして手に入れた膨大な援助物資は市場に横流しするなど私物化し、蒋介石一族と国民党幹部は莫大な富を蓄えた。

米国は蒋介石を利用するつもりで、逆に利用されてしまったのである。このため米国支那派遣軍司令官のスティルウェル将軍は、蒋介石の厭戦と腐敗ぶりに激怒し、国民党軍の指揮権を要求したが逆に蒋介石に忌避され、一九四四年にはウェデマイヤー将軍と交代させられている。

**【スターリンの援蒋借款の返還要求】**――――一九四四年、スターリンは独ソ戦の見通しがつくと、早くも蒋介石に支那事変の軍事借款三億ドルの返還を厳しく要求している。スターリンの戦後における米ソ対立を予定した決断の速さと、えげつなさがよく表れている。スターリンの支那事変の陰謀のために日本の青年五十万人、支那の青年百四十万人の合計約二百万が犠牲になっているのである。

**【日本の圧勝と権力分布】**――――支那事変の戦闘は上海事変後一年二ヶ月で日本の圧勝に終わり、以後、蒋介石は重慶の山奥に逃げ込んだまま膠着した。この結果、支那大陸の沿海部人口の半分と重慶を除く七大都市、工業生産の九割が日本の支配下に入った。日本は南京に蒋介石と並ぶ国民党要人の汪兆銘を首班とする親日政権を樹立して、支配地域を統治した。

こうして支那の権力は、①北京、上海など大都市を含む最大版図の親日の中華民国南京政府、②奥地限定の蒋介石中華民国重慶政府、③延安の中国共産党政府、④各地の軍閥政府、が地域別に並存することになった。したがって、支那は分裂しており統一国家ではなかった。以後この戦況は敗戦まで七年間、小競り合いはあっても変わらなかった。日本は支那全体と戦ったのではなく、蒋介石軍閥と戦ったので支那事変は「日蒋戦争」と呼ぶべきである。

**【日本の占領地の状況】**――――日本軍は国民党軍や共産軍を追い払って占領すると、地域の治安を回復しあとは現地の慣習に任せて干渉しなかった。このため占領地の支那人は、清朝崩壊以来の長い内乱を経て初めて、安全で自由な生活をすることができた。支那には日本の莫大な投資で電話会社など多くの大企業が設立され、たくさんの現地人が雇用された。

**【日支共存の証拠】**――――わずかな日本軍が二億以上の支那人の間で八年も駐屯できたという事実は、現地人と敵対していなかった証拠であり、日本軍が現地人を虐待したというのは嘘と分かる。このため日本軍が終戦で撤退することになると、駐屯地の有力者は蒋介石軍や共産軍の来襲を恐れ、撤退を延ばすことを嘆願したほどである。国民党の将校は国共内戦の再開を予想し、復員する日本軍人をうらやんだという。

**【日本の敗戦と日本支配を懐かしむ支那人】**――――日本が撤退すると重慶政府の国民党が南京に戻ってきた。すると彼らの腐敗と強圧ぶりに、南京市民の理髪屋は辻政信に、「日本軍がいた時のほうが良かったよ」と語ったという。（『潜行三千里』辻政信著　国書刊行会）

また、日本の支配した時代は今のような秘密警察支配も強制収容所体制もない自由な時代だったので、近年まで年をとった支那人は当時の北京は素晴らしかったと日本統治時代を懐かしんだという。日本軍が支那人を虐待したという宣伝は、日本が講和を望む以上損であり、不合理なのであり得ないことが分かる。

**【日本軍人に婿入り話】**――――日本敗戦の知らせは、支那では日本軍が戦場で終始圧勝していたので、日本軍人だけでなく現地人も驚いたという。真面目で軍規厳正の日本軍人の評価は高く、撤退時には娘の婿に欲しいという支那人もいたほどである。

「日本軍は南京に集結し復員の準備をしていた。すると親しい出入り商人の鄭氏が、『あなたは今日本に帰っても生活はできない。思い切ってこの地に留まってはどうか』と親切に真剣に勧めてくれ、『実は私には娘がいる』と熱心に語る。しかし私は二十七歳の適齢期ではあるが、長男であり祖国がどんなであっても帰らなければならない。彼は上海まで追いかけてきた。しかし、感謝しつつ断らなければならなかった。彼は南京の浦口の渡船場と駅大通りの中間で手広く商売をやっていた五十歳位の人であった」（抜粋要約『モリトシの兵隊物語』森利著　青村出版社）

南京大虐殺の嘘が分かる。しかし、こうした日本軍に好意的な人は、毛沢東が政権を取ると小商人に至るまでみな処刑された。

**【日本人の引き揚げ】**――――敗戦時、支那には日本の軍人、一般人が二百万人近くいた。戦後、大量の日本人が支那から迅速に引き揚げることができたのは、米軍の支那派遣軍司令官ウェデマイヤー将軍の配慮によるものである。米軍の復員船がなければ蒋介石は無力だったから、敗戦で難民となった日本人は国共内戦再開の大混乱の中で全滅していただろう。

**【蒋介石の偽善】**――――蒋の恩着せがましい「恨みに対して恩で報いる」発言の狙いは、被害者偽装と、日本軍が中共軍に兵器を渡すことを恐れたための懐柔宣伝である。支那人は弱みがあると相手に恩着せがましく論理を飾る癖がある。戦後、国民党に捕らわれ苦しめられて殺された日本人の体験があるので紹介する。

**【日本軍人捕虜の処刑】**――――蒋介石は日本軍人を迫害、処刑した。エセ百人斬りの野田、向井少尉ら軍人や民間人を含む多数の日本人が、蒋介石に冤罪で処刑されている。エセ南京事件の責任者として銃殺された谷寿夫《ひさお》中将の「身は雨華台に散るとも、魂は必ず日本に帰る」という遺言は冷笑され、酒井隆中将の遺骸は烏につつかれるまま放置されたという。酒井中将は、満洲事変の講和である「梅津・何応欽《かおうきん》協定」の担当者であり、蒋介石が合意した協定の交渉経過を知っているため、蒋介石にとって都合が悪く、口封じのために最初に処刑されたと見られている。（抜粋要約『潜行三千里』辻政信著　国書刊行会）

**【支那本土の邦人の悲劇】**――――北京で東亜日報の記者をしていた佐藤亮一氏（帰国後、日本翻訳協会副会長）は病院入院中、蒋介石軍に冤罪で逮捕される。容疑はどこかに金を隠しているだろう、である。収容所には日本人が五百人以上、収監されていた。その間、日本人が無実の罪で処刑されていくのを見るなど恐ろしい体験をする。しかし二年後ようやく釈放される。中共軍が北京に迫ってきたのだ。

「私が出所した二日後に若い西川少佐が、同姓の人違いで死刑を執行された。私たちは十月五日、タンクーから『信濃丸』に乗って帰国の途に就いた」（抜粋要約『北京収容所』佐藤亮一著　荒地出版社）

**【監獄体験】**――――戦前、北支で大農場を経営していた加藤三之輔氏（カネミ倉庫会長）は、往時を回顧して述べている。

「私は敗戦後に逮捕され、昭和二十七年に釈放されました。裁判は滅茶苦茶で、鉄道に枕木を納入していただけで日本人実業家は死刑になりました。歯を折られたという事件で証人の婦人が出てくると、歯がそろっている。すると裁判官は歯が生えてきたという。これでは私も助からないと思った。刑務所では両足に合計八キロの鎖をつけられ、今も傷跡が残っています。支那人は金より武力です。武力があれば金はいつでも巻き上げられるからです。日本が自由になる武力を持てば、中共の対応はがらりと友好的に変わります」（抜粋要約「私が実感した中国人の習性」『正論』二〇〇二年十二月号）

**【支那事変のその後】**――――一九四五年に日本軍が撤退すると、予想通り国共内戦が再開した。一九三六年の西安事件の密約と、第二次国共合作の欺瞞性が証明されたのである。戦前の「中国人は中国人を殺さない」などという共産党のスローガンはみな嘘だった。

戦闘はソ連の占領した満洲から始まり、支那全土に波及した。ソ連は没収した日本軍の武器やソ連の武器を毛沢東に与えたので共産軍は強大化し、各地で蒋介石の国民党軍を撃破した。蒋介石は九年前の西安事件直前には当時の共産軍に圧勝し「支那統一の五分前」という絶好の機会をつかんだが、一度手放したチャンスは二度と訪れることはなかったのである。

**【米国の信じられない無知】**――――米国は国共内戦が再開すると困惑した。敵は日本だけと思い込んでいたので、正体を現わした共産主義者の厳しい敵意にぶつかると、どうしてよいか分からなくなったのである。当時の米国政府や軍の中枢は、ソ連の宣伝を真に受けて毛沢東を単なる農地制度改良主義者と思い込んでいた。また、長年のルーズベルトの親ソ路線のため、共産主義者にまったく油断しており、ソ連に対する警戒を呼びかける者はむしろ中枢から疎外されるほどであった。

**【マーシャル元帥の失敗】**――――トルーマンは国共内戦の解決をマーシャル元帥に命じた。しかしマーシャルは共産主義運動の恐ろしさにはまったく無知であった。このため蒋介石に対しあくまでも共産党との話し合いによる解決を強要したり、内戦の重大局面で必要な戦闘を手控えさせたので、スターリンと毛沢東にとっては願ってもない展開となった。結局、マーシャルは支那の内戦に巻き込まれることを恐れ、国民党軍に五十万人分に上る膨大な兵器装備を残したまま米国に逃げ帰ってしまった。こうして支那が共産化すると、支那事変当時の米国の手厚い援蒋方針は遠い過去のものとなった。米軍の供与した大量の最新の武器は、後の朝鮮戦争で中共軍に使われ、多くの米軍将兵を殺すことになるのである。

**【中共の成立と米国の失敗】**――ソ連に支援された毛沢東の共産軍は、国民党軍を各地で破り、一九四九年に支那全土を統一した。蒋介石は多くの国民党関係者を残して、台湾に逃亡した。そして米国は一九五〇年、大陸の全拠点から蹴り出されてしまった。ルーズベルトの、戦前からの日本を滅ぼし蒋介石を利用して支那満洲に勢力を伸ばすという、米国植民地主義の大戦略はここに完全に失敗に終わったのである。一九三五年にマクマリーが危惧したとおりになったのである。

**【米国の蒋介石非難】**――米国は支那政策の失敗が明らかになり目論見が外れると、自らの誤りを棚に上げて、支那の共産化を蒋介石と国民党の腐敗のせいにして非難した。蒋介石の夫人、宋美齢は戦前、ルーズベルトの支援下で米国各地で講演し米国民から反日援蒋の支持を取り付けることに成功したので、再度米国に出かけた。しかしトルーマン大統領の対応は、蒋介石と宋一族を強盗の類とみなすほど冷淡で、数年間滞在したがほとんど相手にされなかった。米国のアジア政策は変わり、柳の下に泥鰌《どじょう》はいなかったのである。ただし、冷戦になると米国は再び蒋介石を支援したが、その狙いは戦前とはまったく別であった。

**【蒋介石の米国批判】**――戦後、蒋介石は台湾で日本人軍事顧問に対して次のように述べている。

「米国という国は何事も自分の利益だけを基礎として考える国である。百八十度、態度を変えても何とも思わない。米国が友人ということは米国の利益になるからであり、そのほかの理由はない。いったんその利益が失われたならば何ら躊躇することなく敵側に立つことを少しも不思議と思わぬ国である。私の苦い経験からも今日の友は明日の敵であり、その敵もいつまでも敵であるとも言えない。警戒をおろそかにしてはいけない国である」（抜粋要約『私の接した蒋介石』立山一男著　昭和史研究所会報一二〇号）

**【毛沢東の暴政】**――――毛沢東は政権をとると、もと国民党関係者や反共勢力、宗教勢力そのほか疑わしいと判断したものを、家族や婦女子を含め大量に処刑した。また、社会に共産党への恐怖感を広めるために地域の人間を一定割合で抽出し無差別に処刑した。その後も毛沢東の「飢餓政策」や党内権力闘争の「文化大革命」が起こり、中共政権により殺されたり死亡した国民は今日までに八千万人に上るといわれている。中共の国民は、共産党幹部と軍人の家族を除いてみな財産を没収され、極貧に落ちぶれ餓死させられ、支那四千年の歴史上例を見ない最悪の暴政に苦しんだのである。

**【経済改革】**――――毛沢東の死後、後継指導者の鄧小平《とうしょうへい》は、国民の共産党への強い反発と敵意を恐れ、経済活動を緩和した。このため外国企業の投資が進み、今日、経済的に発展している。しかし、中共の固有の生産力は四億といわれ、現在の国民を十三億とすると九億人は過剰人口となる。彼らは海外からの投資や輸出による外貨で生きている。もし外貨の流入が止まれば大暴動が発生し政府は転覆する。中共の国民経済はその意味で巨大な自転車操業なのである。

**【政治の独裁と社会の情報化】**――――現在の中共では、共産党が国民の選挙による承認も受けず独裁を続けているが、一方では社会の情報化が進みインターネットや携帯電話の普及で国民の不満が広く伝播するようになった。このため、政治変革を予測する専門家は少なくない。現在、共産党や軍の幹部と家族は独裁権力を金に替えてみな大金持ちになっているという。これは表面的だけでも社会的な平等を主張したかつての共産党とは異質に見えるが、一握りの共産党、軍の特権階級（ノーメンクラツーラ）と家族が権力を独占して美味しい生活をするという、共産主義運動の本質から見るとむしろ正体が露呈したというべきであろう。

**【日支軍隊比較】**――――国民党軍は日本軍のような国民軍ではなく、軍閥軍の私兵集団であったから、兵士は徴兵制度で集められた兵隊ではなく、自分から応募した者のほかは、〝狩りこみ〟で捕まり強制的に兵士にされた人々であった。抵抗したり逃げれば射殺された。この兵士が戦場では、背後から督戦隊《とくせんたい》という野戦憲兵に銃で脅されながら連座制で戦わされた。戦線脱走者は南京陥落時のように即決で銃殺された。彼らは私兵集団であるから、地域を占領すると住民に対して略奪、暴行、強姦、放火など犯罪行為をほしいままにしたので、一般国民は自国の軍閥軍を非常に恐れたのである。このため支那には「よい人間は兵隊にならない」という諺があるほどだった。軍人が社会の最も名誉ある存在であった日本や欧米とはまったく違い、嫌われ軽蔑されていた。

**【鎖で縛られる兵士】**――蔣介石の軍閥軍では兵士を信用していないので、戦場で逃げられないように鎖で縛って戦わせていた。これはノモンハン事件におけるソ連の外蒙古戦車兵も同じであった。国民軍ではない証拠である。

「占領した敵の陣地を見て廻った兵士が『足を縛られた兵がいます』という。行って見ると立射のできる深い壕に水冷式重機関銃の銃把《じゅうは》を握ったまま、上半身真っ黒になって焦げて死んでいる兵士がいる。その両足は鉄鎖で銃座に縛ってある。支那軍の姿を見せつけられたようで寒いものが体を通りすぎたのを覚えた」（抜粋要約『死闘六日間』片山聞造著　東洋企画）

**【支那事変の戦争責任論】**――①「開戦責任」支那事変を起こしたのは、戦争準備から見て明らかに蔣介石であり、日本軍ではない。

②「継続責任」蔣介石は講和を受け入れなかった。蔣と黒幕の米ソの責任である。

③「謀略責任」支那事変は日本にとってはカール・カワカミが言うように「殴られたから殴り返しただけ」であり、日本の前途ある青年が五十万人も殺されたので、蔣介石には恨みがある。

一方、蔣介石は西安事件でソ連に捕まったため、不本意ながら日本を自殺攻撃し、支那統一のチャンスを失い、戦後は大陸を追い出された。スターリンは蔣介石を利用して支那事変を起こし泥沼化したので、西部国境の対独戦に専念できた。大成功である。

米国も支那満洲進出の野心を巧みに利用されて莫大な援助を行ったが、結局は長年築いてきた支那の全拠点から追い出されてしまった。大失敗である。

中共はスターリンの手先の共犯であり、戦後、毛沢東が社会党議員団に「日本軍に感謝する」と語ったように、支那事変で苦境を脱し時間を稼ぎ、決定的な利益を上げることに成功した（もちろんこれは毛沢東の冷酷な皮肉である）。

## ノモンハン事件

**【ノモンハン事件とは】**――ソ連は、国民党軍に勝ち続ける日本軍への牽制と、敗北した蔣介石の督戦工作として、一九三八年に張鼓峰事件、一九三九年にはノモンハン事件を起こした。これらはいずれもソ連が十分な下準備の上で日本に仕掛けてきた大規模国境紛争である。日本軍は支那事変中のため全力で戦えなかったにもかかわらず、よく反撃しソ連軍に大打撃を与えた。このため張鼓峰事件では、ソ連極東軍の司令官ブリュフェル将軍は事件後モスクワに召還され、スターリンに敗戦責任を問われ処刑されている。ノモンハン事件でもソ連のシュテルン司令官が引責処刑されている。しかし日本政府はソ連の八月攻勢による関東軍の大被害を見て、支那事変中の対ソ戦争継続は不可能と判断し、九月に講和した。

**【歪曲された戦争観】**――――ノモンハン事件は支那事変中であったことと、日本軍が大打撃を受けたことから報道されなかった。また、戦後はボロ負け論として歪曲され、日本軍を馬鹿にするソ連の反日宣伝に使われてきた。このために名前が知られている割に実態はよく知られていない。ただ、そのためか国民の関心は高い。そこで、日本人の目から見たこの事件の史実を正しく知っておきたい。

**【ポイント】**――――戦争の理由、戦闘経過、反日宣伝の否定である。戦記を読むと、日本軍人の勇敢な戦いぶりには誰もが感動するだろう。現地の原野にはいまだに多数の日本軍人の遺骨が散乱しているという。政府のご遺骨の収容が急がれる。

**【戦争責任】**――――戦後この紛争は日本軍側が仕掛けたといわれたが、ソ連崩壊後ソ連の元将軍は、「支那事変の収拾に苦しむ日本軍がソ連を攻撃するなど、よほどの馬鹿か間抜けしか思いつかない愚論である」と片づけている。しかしその愚論が戦後の日本では主流であり、著名な作家である司馬遼太郎までも尻馬に乗って日本軍を非難してきた。

**【ノモンハン事件の戦略的な狙い】**――――この事件には次のようなスターリンの狙いがあった

と考えられる。

①「東部国境対策」支那事変対応として敗北を続ける蒋介石への支援と日本軍への牽制。

②「西部国境対策」九月のナチスとのポーランド分割、および北欧侵略を控えて東部の日本軍を牽制する。

③「国内対策」赤軍大粛清でトゥハチェフスキー元帥以下、司令官が大量処刑され、指揮系統が弱体化したソ連軍の実戦訓練。

**【戦場の特殊性】**――――戦場は水深二メートル、川幅八十メートル位のハルハ河を挟んで、西側の丘陵部がソ連モンゴル領で、東部の大平原が満洲国領であった。スターリンがこの場所を戦場に選んだのは、地形が自軍に圧倒的に有利であったからである。ソ連は台地の上から眼下の日本軍を重砲で砲撃することができた。ハルハ河は水中橋を架けることができたので、多数の戦車を渡河させノモンハンの日本軍陣地を攻撃した。他方、日本軍にとりこの戦場は、補給基地ハイラルから二百キロも離れており、身を隠す木々もない飲料水の乏しい大原野であり、誘い込まれた関東軍は大きな被害を受けていたことが分かった。

**【日本軍の失敗】**――――一九三九年、ソ連側の挑発越境が起こると、関東軍参謀部は対処方針を検討した。寺田先任参謀は、遠隔地なので放置を主張した。しかし辻政信参謀は、前年の張鼓峰事件で日本が屈服したことを悔しく思い、即時反撃を主張し採用された。しかし戦後、辻はこの判断を反省し、この地域は厳寒の地で、すぐに戦闘が不可能になるので放置しておくべきだったと、戦死者に心から謝っている。（『ノモンハン秘史』辻政信著　毎日ワンズ）

**【ソ連の戦争準備】**――――一九三九年二月頃からソ連はあらかじめシベリア鉄道の寒村の小駅、ソロビエフスコエ駅から一千数百キロ以上も離れたノモンハンの大原野に、山手線の内側に匹敵するほどの広大なタムスク基地を設営し、二十万の大兵力と数千輌の戦車や軍用車輌、多数の重火器、数百機の軍用機を運び込んでいた。日本側は何の準備もしていなかった。したがって、戦争の発端とされるモンゴル騎兵の越境行為は見せ掛けの挑発である。（典拠「産経新聞」記事）

**【戦争の経緯】**――――五月の地上戦に続いて始まった第一次戦闘の空戦では、機材（九七式戦闘機）と操縦士の技量に優れた日本軍が圧勝した。しかし、ソ連が日本の数倍の兵力を投入してくると日本軍は次第に押され、第二次の八月の大攻勢では十倍近い大軍の奇襲で、日本軍前線は崩壊し、満洲国側二十キロまで侵入され停戦となった。

**【日本軍の対戦車戦闘】**――――ノモンハンの戦闘で日本軍は、優秀な対戦車速射砲で多数のソ連戦車を撃破した。白兵戦では軍医を含めた全員が歩兵になり、火炎瓶でソ連戦車を焼き討ちにした。当時のソ連戦車は米国輸入モデルのＢＴ型で、のちのＴ三四型ほど装甲は厚くなく、直後のフィンランド戦でもフィンランド兵に焼き討ちにされている。

「午前十一時、前方窪地に敵戦車五十輌近く集結中という報告あり。警戒しながら前進する。ま

重機関銃で攻撃する日本兵

たも『敵戦車二十輛』という叫ぶ声。総立ちになって望見すると、敵戦車十数輛が矢のように斜面を下って本部めがけて殺到している。自分は頭髪が逆立つ感じがした。敵戦車は躊躇もなく見事な隊形で突っ込んで行く。その瞬間（対戦車砲兵に）『連続各個に撃てっ』と思わず命令していた。すると最先頭戦車がボーッと異様な唸りを発して、すさまじい火炎を吐き出した。期せずして全員叫ぶ万歳の声、まさに天に沖《ちゅう》せんばかりである。敵の戦車隊は指揮戦車が破壊されると二、三輛ずつが相前後して混乱しながらも急襲してきた。そこで五百メートルにひきつけると逐次攻撃し、全十四輛の戦車を撃破した。この間わずかに五分に満たない間の決戦であった。最も近い戦車は三十メートルに迫っていた」（抜粋要約『ノロ高地』草葉栄著　鱒書房）

**【ノモンハン事件の日本人民間人の記録】**――――当時の日本軍はソ連軍と違い自動車化されておらず、歩兵はハイラル基地から戦場まで二百キロメートルを重装備を背負って歩いたのである。

「私は負傷兵をトラックから降ろしていた。羊草の緑の海。その中から黒い隊列が現れてきた。歩兵部隊だ。先頭に日章旗が翻る。千人に余る四列縦隊の部隊が進んでくる。六名の兵がラッパを吹奏し始めた。痛みに耐えかねていた負傷兵たちは体を起こし『軍旗に対し奉り敬礼！』と叫び合う。ラッパが鳴り渡ると歩兵部隊の疲労した足取りはバネ仕掛けのようにリズムを取り戻した。連隊長も徒歩である。この兵たちの故郷はどこであろうか。兵団は小休止に入る。彼らは仰向けになってわずかの時を眠るのだった。僕は一人の負傷兵に呼び止められた。『お願いがあります。どうぞ叶えてください』。この封筒に入っている金を故郷の福島県の老母に為替で送って欲しいというものだ。僕は胸が熱くなった。軍旗が草野のかなたに消える。そして兵団が地平へと遠ざかると、さらに部隊が到着した。この兵団は小休止せず連隊長は僕たちのそばまで来ると『ご苦労様あ』と叫んだまま通り過ぎた。この部隊には小休止すらないようだった。そのとき歌声が起こった。『我が故郷の山高く、流るる雲の輝けり。日露の遠きその日より、栄光燦《さん》たりわが軍旗。軍旗の下に我死なん』。怒涛のように起こり消えまた起こる歌声は、烈日のくるめく地平にやがて消えていった。あの部隊の兵たちの日焼けしておりながら、どこか自信にみちた顔が僕の胸によみがえる」（抜粋要約『ホロンバイル日記』大滝重直著　国書刊行会）

【飛行中隊長の救出】――『撃墜ノモンハン空中実戦記』松村寅次郎著（教学社）から抜粋引用。

「八月四日、戦場の外蒙古上空は高度四千メートル付近にある層雲によって覆われていた。この日も制空任務に就いていた私は敵が雲の上に来ているのではないかと思い、部隊を率いて雲の上に出てみた。するとイ十五、イ十六の編隊約六十機を見つけた。直ちに攻撃開始を命令。彼我入り乱れての空中戦となった。私はイ十六めがけて機銃を発射したが別の三機に包囲されていることに気づいた。敵機は火を噴いたがとたんにエンジンが動かない。

やられたか。ガソリンのにおいが鼻をつく。機首をハルハ河に向けたが、外蒙古上空二千八百メートルである。昼間なので不時着しても戦線突破は難しい。最悪は拳銃で自決するか、戦車がいれば激突自爆を覚悟した。ようやくハルハ河を越えたが高度は二百メートル。着陸しようとすると機内で発火した。高度百メートル。火の中を灼熱した操縦桿を操作して草原に着陸した。プロペラに撃たれないように翼の前縁をめがけて身を投げた。そして気を失った。

三時間後に気がつくと前線の日本軍の野戦病院にいた。軍医に事情を聞くと、僚機の西原曹長が自分の様子を見て追尾。不時着に続いて着陸し、火災により誘爆する機関銃弾の飛び交う中、私を引きずり出し自分の機の下面から押し上げ、敵戦車の襲来直前に離陸、救出に成功したという。私は、自らの危険を顧みることなく私を救出してくれた西原曹長に心から感謝した。……西原曹長は大戦を生き抜き戦後、自衛隊に勤務した。当時の思い出については、無我夢中でよく覚えていないが、自機も被弾していたので、超低空飛行で友軍陣地に脱出したという。大変な勇気であり戦友愛である」

**【日本大敗の嘘】**――この戦争は戦後、ソ連と左翼により日本軍が大敗したと宣伝され、司馬遼太郎のような著名な歴史作家たちも信じてきたが、ソ連崩壊後の機密情報の公開により、ソ連軍が日本軍より大きな被害を受けていたと分かった。日本軍大敗説はソ連の反日宣伝だったのである。

**【勝敗論】**――戦闘は第一次では日本軍が勝ち、第二次の八月攻勢では日本軍は、十倍近い大軍を投入したソ連軍に押された。最新の資料から双方の被害状況をみると、日本はソ連の数分の一の兵力にもかかわらず互角以上に戦っている。損害はソ連の方が多い。地上戦では日本の一万人に対して、ソ連は二万人以上が死傷している。航空戦では日本側はソ連機を十倍近く千七百機も撃墜し、戦車も七百輌近く撃破している。

しかし、領土的には満洲国側に侵入されての停戦となった。この事件の従軍者は九月の報復を誓ったが、日本政府が停戦を決めたので、奉天の陸軍病院では負傷者が窓ガラスを割るなど大変な憤激を巻き起こしたという。このため勝負はまだついていなかった。相撲でいえば水入りだ、という人もいるのである。このため辻政信は「戦争は負けたと思うほうが負けである」と述べている。

# 独ソ戦

**【概要】**――――これは世界を巻き込んだ人類史上、最大規模の戦争であり、日本にとっては大東亜戦争の真の原因であった。支那事変はスターリンの独ソ戦に備えた準備工作であり、日米戦争は独ソ戦参戦を狙ったルーズベルトの挑発戦争であったからである。日ソ戦争もその結果である。

ヒトラーはドイツの自給自足を狙ってソ連を征服しようとしたが、スターリンが米国を利用して反撃し、ナチスドイツを滅ぼした。そして欧亜の占領地をソ連の支配圏に入れ共産化したので、戦後には冷戦が起こり、その影響は二十一世紀の現代にも及んでいる。その後、ドイツは長くソ連統治の東と西に分割されたが、ソ連の崩壊で再統一され今日に到る。ドイツ人の戦死者は九百万人に上った(日本は大東亜戦争全体で三百万人)。ソ連側の死者も非常に多かった。ただし、スターリンの二千万人という犠牲者数については、プロパガンダとみる意見もある。

**【ポイント】**――――これはヒトラーの侵略意図、スターリンの対策、ソ連不意打ち被害論の真偽、残酷な戦場、終戦事情などである。

**【欧州大戦前夜】**———一九三九年八月、独ソは不可侵条約を結んだ。敵同士と思っていた世界は驚いた。とくに反ヒトラーの左翼は大ショックを受けた。スターリンにいわせれば戦略の分からない小児病ということになる。九月、スターリンは日ソ係争中のノモンハン事件をドイツの仲介で停戦した。

**【ポーランド分割】**———これと同時に欧州ではドイツがポーランドの侵略を開始した。すると用心深いスターリンは二週間遅れでポーランドに侵入し、独ソはポーランドを分割してしまった。これこそがソ連のノモンハン事件による対日牽制作戦の狙いの一つであった。そしてソ連はさらに独ソ秘密協定によりバルト三国、フィンランド東部地域を武力占領し、占領地域の住民を婦女子を含めて捕らえ、北極地方の極寒の荒野に強制移住させて大量虐殺した。

**【第二次大戦の始まり】**———一九三九年、ナチスドイツがソ連と共にポーランドを占領すると、ポーランドの保護者を主張していた英仏はドイツに宣戦布告して、第二次大戦が始まった。ただ、英仏はソ連には宣戦布告しなかった。ヒトラーはソ連を狙っていたので、この英仏の反応は予想外であったという。ヒトラーはやむなく一九四〇年、電撃戦でフランスを占領し、英国軍を本土に追いやった。そして英国を航空攻撃した。有名なバトル・オブ・ブリテンである。ヒトラーの狙いは、対ソ戦の準備として二正面作戦にならないように、まず背後の欧州を安全にしたのである。これを見て米国は英国への軍事援助を開始した。米国の第二次大戦への介入が始まったのである。

**【フィンランド冬戦争】**――――フィンランドは小国ながら、一九三九年の冬戦争ではソ連に対し大打撃を与えたことでよく知られている。ソ連軍はノモンハンの教訓を生かさず、指揮系統に問題を抱えたまま冬装備不足で厳冬のフィンランドに侵入したため、フィンランド軍のスキー部隊に深い森の中で翻弄され、折からの零下四十度以下という記録的な大寒波に襲われ大損害を出した。その後のフィンランド側の推定ではソ連の戦死者は六万、負傷行方不明十六万、撃墜航空機八百機に上ったという。（参考『赤いツァーリ』E・ラジンスキー著　NHK出版、『北欧空戦史』中山雅洋著　朝日ソノラマ文庫）

**【一寸の虫にも五分の魂】**――――フィンランドは最終的に東部の領土と国民を失ったが、指導者マンネルハイムは今でもフィンランドの英雄として銅像になり、国民の尊敬を集めている。大国の圧迫に負けずに自由と独立を守ることの重要性が分かる。ソ連はこの犯罪侵略行為により国際社会の悪役となり、一九三九年、国際連盟から除名された。（参考『雪中の奇跡』梅本弘著　大日本絵画）

**【独ソ戦の開戦】**――――一九四一年六月二十二日、ヒトラーが予言しスターリンが最も恐れていた独ソ戦がついに始まった。独軍が三方面に分かれてソ連に侵入したのである。タイミング的にはソ連がドイツの石油の供給地であるルーマニアに勢力を伸ばそうとして衝突したことや、重要戦略物資のソ連依存過多がヒトラーの対ソ戦決断を急がせたという。しかしスターリンはすでに東部国境の日本軍を支那事変で南下させており、勝敗の鍵になる米国を味方に引き込むことに成功していた。このため、ソ連は緒戦ではドイツに大打撃を受けたが、米国の天文学的な援助を得て反撃に成功し、ついに四年後に首都ベルリンを含むドイツ東半分を占領したのである。

**【スターリンは騙されたのか】**――――独ソ戦では緒戦の大敗北から、スターリンがヒトラーに奇襲されたという説が流布している。しかし、国境を接する国同士で三百万もの大軍の国境集結を隠すことはできない。スターリンの通訳官ベレズロフによると、海外からは米国のハル長官や英国のチャーチル首相はじめ、スパイのゾルゲなどから、ドイツの対ソ攻撃を知らせる確度の高い通報が八十通も入っていたという。

一九四四年の英ソのモスクワ会談では、チャーチルが「あれほど注意したのに」というと、スターリンは「知っていたよ」と答えている。ソ連はすでに、在日独大使館が鉄道便を使わなくなっていることに気づいていた。まして「底知れぬ猜疑心の男」といわれたスターリンには不意打ち説は到底成り立たない。大幹部のフルシチョフも回想録で、ドイツの攻撃はみな知っていたと記している。ドイツの攻撃前夜に河を泳いで渡ってソ連軍の歩哨に攻撃を伝えたドイツの共産主義者がいたが、この男は処刑されたという。スターリンは明らかにドイツの攻撃を予想していたと

ロシア平原の独機甲部隊　Wikimedia Commons

みるべきである。

**【スターリンの狙い】**――結果からみるとスターリンの緒戦の大敗北は、独軍をロシアの奥地に引きずり込む戦法と、国際社会の同情を買うプロパガンダであったと考えられる。

**【引き込み戦法】**――戦後一九四六年にスターリンは、緒戦の作戦について次のように述べている。

「赤軍に積極的な反撃をさせなかったのは、独軍をロシアの奥地に引き込むためであった。これはナポレオン戦争におけるクツゾフ将軍の戦略を真似たもので、よく準備された反撃軍が仏軍を潰滅させている。（『スターリン第2』ドイッチャー著　みすず書房）

ドイツ国防軍の最高幹部の中には、ナポレオンのロシア遠征の失敗から、ロシアの奥地進軍には慎重な意見があったが、ヒトラーは、ソ連は廃屋のようなものでドアを蹴破れば三ヶ月で潰滅すると軽視しており、採用されなかった。当時のヒトラーの権威は神がかり的になっており、誰も反対することはできなかった。支那事変では、日本は支那の奥地に引きずり込まれたが、スターリンの同じ戦略である。

**【ソ連の欧州羊毛皮相場の調査】**――スターリンは情報部に前年の欧州の羊毛皮相場を調べ

させたという。するとそれまでの相場と大差がなかった。そこでスターリンは、独軍には冬装備がなく短期決戦であることを知った。実際、ヒトラーは九月には戦争は終わると考えており、その後の戦局の長期化により、急いで毛皮を集めたが手遅れで、前線に多くいた歴戦の将兵が大寒波の到来と補給難で凍死した。スターリンはヒトラーの致命的な軽率さを見ぬいていた。

**【ソ連極東軍の投入とゾルゲ】**――一九四一年十一月の極東軍の投入について、ゾルゲが日本軍の南下を通報したためという意見があるが、米国の軍事専門家はソ連にはほかに選択の余地はなかったので疑問としている。それより、スターリンはすでに支那事変を起こし、さらに米国の対日敵視を知っていたので、日本軍の北上はないと見て、満を持して待機させていた極東軍を投入したのであろう。

**【対米同情作戦】**――これはソ連が米国から軍事援助を獲得するために米国大衆の同情を引く、被害者偽装の大芝居であったと考えられる。当時のソ連はナチスと提携してポーランドや北欧の小国を残忍に侵略しており、一九三九年には国際連盟から除名された大悪役だった。

しかし一九四一年、突如ソ連は被害者を演じてイメージチェンジを図ったのである。すると米国民は、ルーズベルト政府の親ソ方針や親ソのマスコミの宣伝もあり、たちまち騙され、スターリンが大悪党であることをコロッと忘れてしまったのである。スターリンの大魔術であった。

米国ではスターリンは「親切なジョー叔父さん（ヨシフの英語呼称）」と呼ばれ、ウェデマイヤー将軍が述べているように、米国政府や米軍内部には高官でさえ、スターリンや共産主義の危険性を述べることがはばかられるような、異常な親ソ的な雰囲気が作られていったのである。

**【被害者の偽装】**――――スターリンは「被害者に理あり」という大衆の錯覚心理を知悉《ちしつ》していたので、常に被害者を偽装した。フィンランドを攻撃する時にも、赤軍謀略部隊に自軍を砲撃させて自衛反撃と称して攻撃したという。

独ソ戦でも犠牲者二千万人を誇示している。しかし、ロシア問題の専門家のニコライ・トルストイの『スターリン』(読売新聞社)によると、この数字の根拠は曖昧な上、ソ連はドイツ占領下にあった自国民を戦後相当数、処刑している。ちなみに、第一次大戦のロシア軍の戦死者は百七十万人であった。スターリンは無理にでも被害者役を偽装したのである。この被害者水増しの偽装手法は、今でも中共で使われているので要注意である。

**【ソ連の民族主義転換】**――――戦争が始まると当初ソ連は、前線でドイツ軍の労働階級の兵士に、ソ連に協力するように呼びかけた。しかし何の効果もなかった。現実の戦争ではソ連とドイツの労働者階級が殺し合い、マルクスの階級闘争論が無効であることを証明した。これを見てスターリンは共産主義宣伝をやめ、ナポレオンと戦った帝政ロシアの名将を持ち出すなど、ロシア民族主義の大宣伝を始めた。ソ連国歌も「万国の労働者よ団結せよ」のインターナショナルから、新しい民族主義的な国歌に変えられた。帝政時代のコサック騎兵の軍服も復活した。革命後に一度は滅ぼしたロシア正教を再建した。結局、ソ連の共産革命で残ったのは、赤い特権階級と秘密警察による恐怖支配、そして奴隷にされた国民だけであった。

**【米国の選択】**――――独ソ戦の勃発にあたり、米国には二つの選択肢があった。それはソ連支援の「参戦」と、独ソ共倒れをねらう「静観主義」であった。共和党の前大統領フーバーらは、米国が参戦してソ連を支援すれば必ず戦後ソ連を強大化させることになると考え、静観主義を主張した。しかし民主党のルーズベルト大統領は参戦を選び、ソ連に莫大な援助を開始した。その結果はフーバーの心配した通りとなり、戦後ソ連は米国を脅かす強大で危険な存在となったのである。

**【ヒトラー対米宣戦布告の謎】**――――ヒトラーは十二月、日本が真珠湾で反撃すると、米国に宣戦布告した。それまでルーズベルトの挑発に慎重だったので、この理由は謎とされるが、その狙いはモスクワ正面で大敗した時なので、日本の対ソ参戦を望んだものと推察される。しかし、日本は支那事変中で米国の禁輸により石油が不足しており、資源のない北方を攻撃する余裕はなかった。このためオランダの宣戦布告を受けると、南下して大油田のある蘭領東インド（インドネシア）を占領したのである。

**【スターリンのモスクワ死守声明】**――――一九四一年の冬、ソ連軍は敗退を続け、ドイツ軍の最前線部隊は首都モスクワの郊外にまで到達していた。ソ連政府機関はモスクワ陥落に備え、ボルガ河畔のクイビシェフに脱出する準備を完了していた。スターリンの邸宅も引っ越しの準備を終え、娘のスベトラーナも新しい身分証明書を受け取っていた。市内では一部に略奪や放火が始まっていた。するとスターリンは突然、モスクワは敵に渡さないと宣言し、封鎖していたモスクワの邸宅に引き返したのである。市内の略奪犯たちはたちまち捕らえられると銃殺され、公官庁の職員たちは職場に復帰した。これはスターリンの大芝居であったが、その裏でスターリンは手付かずのソ連極東軍二十四万の精鋭部隊を欧州戦線に呼び戻していた。

【ソ連の反撃】――――このモスクワ死守宣言は、ドイツ軍と戦っていたソ連軍将兵の士気を大いに高めた。そして新規に投入されたこの冬装備を完備した大軍は、冬装備がないまま記録的な寒波に襲われ大量の凍死者まで出し始めていたドイツ軍最精鋭部隊に襲いかかり、回復不能の大打撃を与えたのである。これによりドイツ軍不敗の神話は、崩壊した。このあと戦局は一進一退するが、翌年のスターリングラードのソ連の大勝でドイツの敗勢が決まり、以後ドイツ軍は欧州へ向かって敗退を続けていくのである。

【ソ連女性兵士の悲劇】――――これらはノーベル賞を受賞したスヴェトラーナ・アレクシエーヴィチの『戦争は女の顔をしていない』（群像社）からの抜粋である。一読の価値のある本である。

【若い娘の徴兵】――――「スターリンは、独ソ戦が始まると十八歳以上の娘を百万人も徴用し、野戦の激戦地に送った。前線の将兵は娘たちを見て驚いた。彼女たちは戦闘員、介護兵、そして慰安婦として残酷な戦場で任務に服した。当然、多くが戦死し負傷し不具になった。彼女たちは復員すると、周囲の女性から性的な醜聞で差別された。命がけで国に尽くしたのに実に気の毒な立場に置かれたのである。普通、どんな民族でも男は女子供を守るために戦う。この娘たちの大量動員はスターリンの嗜虐的で残酷な性格をよく示している。この政策はソ連の戦争の恥部であり、西側には知られていなかった」

**【スターリン命令二二七号】**――「後退したらその場で銃殺。味方が味方を撃ち殺す。『殺さないでくれ、母一人なんだ』。青年がこう叫ぶ光景が私の記憶にあります」

**【半分人間】**――「戦場では、人間は半分、獣です。そうでないと生き延びられなかった。戦場では人間が人間になる前にあった何かを思い出さなければならなかった」

**【敵の銃火を止めた英雄的行為】**――「私（女性兵士）は負傷した友軍兵士を救い出しに行った。それまでに行った衛生兵はみな撃たれてしまった。私は帽子を脱いで全身をさらし、大声で歌を歌いながら出て行った。敵も味方も静まりかえった。撃つなら頭を、と祈り続けた。しかし一発も銃声は聞こえなかった」

**【白兵戦の恐怖】**――「ボキボキという音を覚えています。人間の骨が折れるのです。こんな怖ろしい姿の男性は見たことがありません。復員後の夜、母と妹がそばについてくれました。私が自分の悲鳴で飛び起きたからです」

**【なぜ戦争？】**――「ドイツに来て驚いたのは道路が立派なことや大きな農家、きれいなカーテンが納屋にまで引いてある。高価な食器。どうしてこんな良い生活をしているのに戦争をしなければならなかったのか、私たちには理解が出来ませんでした」

**【ソ連軍の三日間ルール】**――ソ連兵の暴虐は悪名高いが、それには古代からのロシア軍の野蛮な習慣があった。占領地では三日間は略奪、暴行、強姦、殺人が大目に見られたのだ。このため日本人も満洲、樺太で大被害に遭った。

**【ドイツ国防軍の反ヒトラー工作】**――一九四四年、ドイツでは東部戦線の敗勢から国防軍の内部に反ヒトラーの動きが現れた。ドイツ国防軍のベック将軍らは、米国情報部のアレン・ダレスとスイスで接触を持ち、一九四四年春から講和の可能性を探っていた。七月には実際にヒトラー暗殺未遂事件が発生している。ドイツ情報機関のカナリス提督は、ソ連の欧州侵入を阻止するというただ一点の条件で、米国のアール駐トルコ武官に講和を提案してきた。講和すればヒトラーは暗殺されるか処刑されることになっていた。しかし、ルーズベルトはこれを拒否した。あくまでも無条件降伏にこだわったのである。

**【ルーズベルトの失敗】**――米国のウェデマイヤー将軍は、ルーズベルトのこの判断が米軍を含め双方に無用な大量の戦死者と犠牲者を出し、ソ連を欧州に進出させ軍事的に強大化させることになったと批判している。ルーズベルトは、無条件降伏が生み出す権力の真空状態を理解できなかった。しかしスターリンは、ロシア革命の残忍な内戦の戦場体験から知っていたので、米国が気がつく前にいち早く占領地を強力な軍事力で押さえると、絶対に手放さなかったのである。

## ユダヤ人救出と日本の史実

**【概要】**――――これは支那事変中、日本政府が米国の対日敵視政策を緩和するため、二回にわたりドイツとポーランドのユダヤ人にビザを給付し、敗戦まで日本軍が上海で保護した実話である。これは美談であるが、一九八〇年代から史実が反日、反日本軍宣伝にすりかえられ、日本政府を含む国民が騙されているので、史実を正しく理解しておきたい。

**【分析のポイント】**――――分かりにくいので情報を三つに分けて解説する。それは、①杉原美談の真実と虚偽、②日本人のユダヤ人救出事業の全体、③杉原千畝《ちうね》の戦後、などである。

**【美談の虚実】**――――杉原はリトアニアで独断でビザを給付したというが、実際は本省の許可を得てビザを給付している。数は千五百通であり、六千通ではない。また、処罰されたというが、彼はその後昇進しており、叙勲までされている。戦後の外務省退職は、GHQ命令による外務省集団解雇の一人にすぎなかった。正規の退職金、恩給をもらっている。だから何のリスクも負ってない。

**【ユダヤ人と日本】**――明治期のお雇い外人にはユダヤ人が多かった。伊藤博文が明治憲法制定に当たり顧問としたのは、ユダヤ系ドイツ人モースであった。日露戦争では米国などユダヤ系の金融家が、不評の日本の外債を買ってくれた。これにより日本は国運をかけた大戦争を勝ち抜くことができたのである。このため明治天皇以下、日本軍もユダヤ人に恩義を感じていた。

**【日本のユダヤ人救出事業】**――日本のユダヤ人救出事業は二回あり、対象は最初はユダヤ系のドイツ人、その後はポーランド人であった。国際的に有名な樋口季一郎少将らは第一回の関係者で、杉原千畝は二回目の現地事務方だった。共通の責任者は、上海でユダヤ難民の保護管理を担当した海軍犬塚機関の犬塚惟重《これしげ》大佐である。

**【第一次救出事情】**――ドイツで迫害を受けたユダヤ人は、ベルリンやウィーンの日本領事館から通過ビザを受領し、一九三八年からソ連の鉄道、日本経由で、支那事変下の上海へ脱出を図った。上海は戦時下で日本軍の管理下にあったので、ユダヤ人の居住は自由だったのである。

**【樋口少将の支援】**――一九三八年三月、鉄道でドイツから脱出してきたドイツ系ユダヤ人は、満洲とソ連の国境駅であるオトポール駅に到着した。するとソ連官憲は、厳冬下なのに幼児まで下車させ、近くのソ連のユダヤ人居留区への移住を要求した。驚いたユダヤ人は満洲の極東ユダヤ人協会を通じて、満洲国の通過許可を懇請した。これを関東軍の樋口季一郎少将、安江仙弘《のりひろ》大佐が上申、参謀長の東條英機が裁可したので、ドイツ系ユダヤ人は満洲経由で日本の敦賀に上陸、神戸から上海に渡ることができた。

**【日本のユダヤ人支援の狙い】**――――日本政府は当時、米国政府の激化する対日敵視政策に苦しんでいたので、ルーズベルト政権内部に財務長官、労働長官、国務長官などユダヤ系高官が多かったことから、ユダヤ人脈を使って米国の対日敵視政策の緩和を図った。それがユダヤ人の救出政策である。一九三九年、日本政府の最高方針を決める五相《ごしょう》会議は、ユダヤ人に対する平等政策を決定した。単なる人道主義ではなかったことを確認しておきたい。

**【犬塚機関の保護】**――――上海に到着したユダヤ人は、上海を占領中の日本海軍の犬塚機関が保護管理した。犬塚惟重大佐は、日本人学校の空き校舎を貸与するなど、ユダヤ人難民に便宜を図った。ユダヤ協会は世界から支援金を集め、上海で自活した。彼らは、欧州のようなゲットー（制限居住区）に閉じ込められることなく、自由に暮らすことができたのである。

**【ビザ給付の停止】**――――しかし一九三九年、救援費用が限界に達したことから、上海ユダヤ人協会は日本政府にビザ給付の打ち切りを要請してきた。そこで日本政府は、欧州の日本領事館にユダヤ系国民へのビザ給付を停止させた。この時までに上海のユダヤ人の人口は一万九千人に達していた。この中にはイタリアの船で上海に上陸した者もいた。

**【第二次救出事情】**———一九三九年九月、ノモンハン事件直後、独ソはポーランドに侵攻し領土を分割した。この結果、ポーランドのユダヤ人は、独ソ両国の秘密警察に迫害されることになった。神学校は破壊され、経典は焼かれた。とくに神学生は処刑されるので、隣国のリトアニアに脱出し身を潜めた。しかしこのままでは神学生が殺されユダヤ教が絶えてしまうので、世界のユダヤ人組織は神学生救出のため、一九四〇年七月、上海のユダヤ人協会を通じて日本軍の犬塚大佐に再度ビザの給付を懇願した。

**【杉原のビザ】**———ユダヤ人協会の懇請が日本政府に承認された旨を犬塚大佐から知らされると、上海ユダヤ人協会は直ちにリトアニアの現地に連絡した。このためユダヤ人神学生がリトアニアの日本領事館に殺到したのである。以下は幸子夫人の回想である。

「夫がちょっと窓から覗いてご覧という。私は自分の目を疑いました。建物の周りをびっしりと黒い人の群れが埋め尽くしているのです。夫にもその理由はつかみ切れない様子でした。ポーランドから逃げて来たユダヤ人が日本の通過ビザを求めているのでした」（『六千人の命のビザ』杉原幸子著　大正出版）

杉原副領事は上海での交渉経過を知らなかったので、本省の訓令に従い、約一ヶ月間に千五百通近いビザを給付した。その後、杉原は勲五等を叙勲、昇進しており、まったく処罰などされていない。

**【ユダヤ人の恩人顕彰】**――一九四一年三月、世界ユダヤ人協会は、恩人の樋口、安江、犬塚に感謝し、樋口と安江は恩人名鑑に記録し、犬塚には銀のシガレットケースが贈られた。事務方の杉原は顕彰されていない。

**【対米工作の不成功】**――日本のユダヤ工作は、成功しなかった。それは米国政権内部のユダヤ人が米国の反ユダヤ風潮を恐れ、自らの保身を同胞の救出よりも優先し、大統領の反ユダヤ難民政策に従ったからである。しかし日本はそれにもかかわらず、敗戦まで上海のユダヤ人難民の保護を続けた。これは人道主義であるといってよいだろう。

**【ナチスドイツの難民対策】**――ドイツの上海総領事はちょうどよい厄介払いと考え、ユダヤ系独人難民の本国送還を求めず、日本軍に任せて干渉しなかった。

**【ユダヤ人の人口】**――終戦時の上海のユダヤ人の人口は二万五千人であった。一九三九年のビザ停止時より差し引き六千人増えている。しかし、満洲のユダヤ人（五千人）がソ連の侵入で南下していたので、杉原のビザだけで六千人増えたわけではない。

**【ユダヤ人の恩返し】**――戦後、樋口は千島防衛司令官だったので、ソ連から戦争犯罪人に指定された。しかし、ＧＨＱは引き渡しを拒否した。これは米軍内部のユダヤ系高官が助けたのではないかと言われている。犬塚大佐はフィリピンで戦犯容疑をかけられたが、銀のシガレットケースの写真を提示すると、釈放された。安江大佐はソ連の収容所で虐待され、病死した。

一九五四年、ユダヤ人が安江家を訪ね、葬儀が未完と分かると、青山斎場で盛大な葬儀を営んだ。ユダヤ人の義理堅い恩返しである。

**【杉原とソ連】**――――杉原は終戦後、任地のルーマニアのブカレストで家族もろともソ連軍の捕虜になったが、厚遇を受け、異例の短期間の二年で帰国した。他の日本人は満洲時代の上司、下村信貞を含めて、重労働や虐待で七万人近くが殺されていた。彼は戦後、外務省を退職すると、モスクワで商社の所長として一五年間も過ごした。

**【大島浩大使のユダヤ人救出】**――――戦争中ベルリンの街頭で、元駐日大使ゾルフの未亡人ハンナ・ゾルフが、旧知のモースの娘マーサに会った。彼女が沈んでいるので聞くと、近くユダヤ人収容所に送られるという。驚いた彼女は日本大使館に駆け込み、大島大使に救援を要請した。大島大使はモースが明治憲法の制定時に日本に大きな貢献をしたことを知っていたので、ドイツ側と交渉し、彼女を特別に保護してもらうことにした。この結果、彼女は終戦まで無事に生き延びることができた。戦後、米国は彼女の特別扱いを知って驚き、逆にゲシュタポ（秘密警察）の手先ではないかと疑ったが、事情が分かるとすぐに釈放されたという。（『ユダヤ製国家日本』ラビ・マーヴィン・トケイヤー著　徳間書店、参考資料『ユダヤ問題と日本の工作』犬塚きよ子著　日本工業新聞社、「ユダヤ人救済にあたった日本人」犬塚きよ子著『証言の昭和史3』学研、『日本の強さの秘密』ベン・アミン・シロニー著　日新報道）

## 日米戦争

**【概要】**――この戦争は、十九世紀以来、満洲進出を狙っていた米国に対し、日本が日露戦争以降、満洲に勢力を伸ばしたため、米国が日本を強引に挑発し、日本の反撃を利用して滅ぼしたものである。米国は同じ目的で、四年前からソ連の起こした支那事変に参加し、蔣介石に莫大な軍事援助を与えていた。日本にとって対米戦は反撃であり、敗戦したが東條英機の主張したように正当な自存自衛戦争であったことを確認したい。

米国は戦後、日本を破壊し植民地化したが、ソ連の進出でアジア政策に失敗し、対日方針を日本再建利用に百八十度転換して今日に至る。戦死者は日本軍が戦争全体で二三〇万人、米軍は対日戦だけで一七万人に上る。米国では最も評判の悪い戦争であるという。

**【ポイント】**――日本では日米戦を、日本の卑怯な奇襲とする日本悪者論が主流だ。しかし重要なのは、米国のほうが歴史観を改め、米議会で日本の戦争を正当な自衛戦争と認めていることである。被害者の日本人のほうが、歴史の見直しが遅れている。重要な事件としては開戦理由、真珠湾攻撃事件、日本を追い詰めたハル・ノートの裏事情、ヤルタ会談と、今日につながる終戦事情などがある。

**【開戦理由】**――――真珠湾事件については戦後、日本軍が突然米国を襲ったと記されている。しかし、国家が理由もなく攻撃するわけはない。誰もがおかしいと思うだろう。このほか日本の世界征服論（田中上奏文は偽文書）、日本政府の無知論（ありえない）、日米誤解説（ありえない）、独ソ戦便乗説（見当違い）、仏領インドシナ進駐問題（その前から対日敵視）などがある。みな日本の自衛であることを知っているので、ごまかしているのである。ルーズベルトがこの四年前から支那事変の援蒋軍事援助により実質、対日代理戦争を始めていたことを日本人は忘れてはならないだろう。米人ヘレン・ミアーズ女史は、「公式外交記録は米国の仕掛けた経済戦争に対する日本の反撃を示している」と述べている。（『アメリカの鏡・日本』角川ソフィア文庫）

真珠湾は反撃だった

**【戦争の経緯】**――――一九三〇年代の米国は、支那満洲への進出欲に目のくらんだルーズベルトが日本を激しく敵視し、一九三七年に支那事変が始まると日本の講和調停の依頼を断り、翌年から蒋介石に大軍事援助を開始した。そして三年後、さらに日本を経済的に圧迫し、一九四一年になると、必死に日米交渉で解決しようとする日本をはぐらかし、米陸軍航空隊を国民党軍に偽装して派遣し、ビルマの日本軍を攻撃した。フライング・タイガー部隊である。

**【ハル・ノート】**――そして過酷な経済封鎖を課した上で十一月、ハル・ノートで日本に支那満洲からの即時撤退を要求した。戦争の挑発である。このため、我慢を重ねてきた日本はやむを得ず、一九四一年十二月八日、米国の対日政策の緩和を求めて真珠湾軍港に反撃した。戦争は四年間続き日本は必死に戦ったが、一九四五年に原爆まで落とされ敗戦した。

**【日本人の親米】**――日本人が知っておくべきことは、戦前の天皇陛下以下、東條首相も軍部も庶民も誰一人として日米戦争を望む者はいなかったということである。なぜなら、反米は百害あって一利なしだったからである。文化的にも明るい米国人は日本人に好かれていた。

**【窮鼠猫を噛む】**――真珠湾事件は日本の反撃である。英国の軍事専門家は、「日本はナイフを首に当てられたので振り払っただけである」と日本を弁護している。

**【戦争評価の変化】**――米国は戦前の激しい反日宣伝に続いて、戦後も東京裁判で日本を断罪したが、一九五〇年になり支那満洲の共産化で極東政策が失敗すると、歴史観を一変させた。

**【日本の自衛戦争】**――マッカーサーは一九五一年の米国議会で、日本の戦争は資源がなかったための自衛戦争であったと証言し、日本悪者論を撤回した。反対者はいなかった。今は真珠湾事件関連の米国の公電も公表され、日本の卑怯な奇襲ではなかったことが米国側から明らかにされている。

したがって戦後の日本有罪論は冤罪であり、戦犯は存在せず、日本人は自由であるということだ。しかし戦後、占領利得勢力がこの重大な事実を国民に隠してきたため、いまだに日本には古臭い日本悪者史観がまかり通っているのである。

【スターリンの日米戦そそのかし工作】――スターリンはすでに独ソ戦対応の東部国境工作として蔣介石に支那事変を続けさせていたが、独ソ戦が始まるので日本の北上阻止をより確実なものにすべく、日米戦争をそそのかした。そして米国の支那満洲進出欲を煽り、具体的にもハル・ノートに挑発的な日本の軍備買い取りなど、日本が絶対に受け入れられない要求を盛り込ませ、日米戦争を起こすことに成功した。米国政府の最高中枢にはすでに米人ソ連スパイが多数浸透していた。

【日米戦争を防ごうとした人々】――米国の対日圧迫政策の強化に対して、戦争を防ごうとした人々が米国側にもいた。米国の在日大使館スタッフも、日米戦争を望む人はいなかった。グルー大使は、マクマリーの透徹した分析に加えて、十年に及ぶ昭和天皇を含む多くの日本人との交流から親日的であり、日米戦争に猛反対であった。

このグルー大使や、当時の日本人の戦争回避のための必死の努力は、日本側の記録のほか、グルー大使の名著『滞日十年』（毎日新聞社）に記されている。米国側でも米国青年の無駄死を恐れる知日派の人々は反日宣伝に反対したが、ルーズベルトに逮捕収監されるなど発言を封じられてしまった。米国に言論の自由はなかったのである。そしてルーズベルトは、スターリンに利用されていることに気づかず、偏執的に日本を圧迫したのである。

**【近衛首相の決死の覚悟】**――戦争中の即時無条件撤兵は難問であり、どこの国でも犠牲を出した国民は猛反対する。しかし近衛首相は、米国との協調は絶対に必要と考え、米国に大統領とのトップ会談を提案した。近衛首相と伊沢多喜男氏との打ち合わせ記録が残っている。この中で伊沢氏が「即時撤兵をやれば殺されることが決まっているが」と言った質問に対して、近衛首相は「自分の生命のことは考えない」と答えている。また「米国に日本を売ったといわれるだろう」という質問には、「それでも結構だ」とまで決意していた。しかしこの会談は戦争を望む米国側から断られた。（『大東亜戦争の実相』瀬島龍三著　PHP研究所）

なお、近衛文麿は戦後自殺したが、敗戦直前、昭和天皇に上奏し、日本が左翼の陰謀に乗せられた可能性があると報告している。

**【ルーズベルトは戦争拡大】**――米軍のウェデマイヤー将軍によれば、米国政府はワシントンの日本大使館での重要書類の焼却作業から日本の反撃の意志が分かっていたのだから、もし米国の新聞に日本の攻撃が切迫していることを大々的に報道させれば、真珠湾事件は防げた可能性があったと記している。しかし米国政府は、戦争防止政策を何一つ行わなかった。それどころか、日本側の日米トップ会談の提案も拒否した。これでは日米戦争を起こそうとしていたと解釈されても仕方がない。

**【真珠湾奇襲論】**――――歴史家モーゲンソーによれば、今でも米国の歴史学会では、真珠湾事件以前の事情を調べることは喜ばれないという。米国の戦争責任が明らかになるからであろう。このため今でも奇襲論があるが、実際は奇襲ではなかった。この問題では、①米国政府内の警報上申と、②暗号解読の事実を知っておきたい。

**【グルー公電】**――――米国駐日大使グルーの一九四一年一月二七日の日記によれば、日米断交になれば日本が真珠湾を攻撃するという噂が東京の外交界で流れており、国務省に報告したとある。ハル国務長官には十ヶ月以上前にこの報告は届いていたのである（『滞日十年』J・グルー著　毎日新聞社）

実際、この電文公文は現在、米国ウィスコンシン大学国務省外交文書図書館が公開しており、インターネットで閲覧できる。

**【米国の資料公開意図】**――――重要なのは、現代の米国が警報資料を公開している目的である。それは現代の日本人に奇襲ではなかったことに気づかせ、占領時代の日本人の奇襲罪悪論の洗脳を解き、本来の独立心を取り戻させるためであろう。日本はいまだに真珠湾にこだわっているが、米国はもっと先を進んでいるのだ。

**【日本暗号の解読】**――――米国は陸軍の暗号解読の天才ウィリアム・フリードマンが、日本の外交暗号を開戦一年前の一九四〇年九月に解読していた。このためルーズベルトは日本政府の動きを戦争前からすべて承知しており、真珠湾攻撃も知っていたと考えてよい。暗号解読は通常、国家の最高機密で公表されることはないが、真珠湾事件で米軍が多くの犠牲者を出したため、米国議会が何度も調査を行いその過程で明らかになったものである。フリードマン夫人によれば、真珠湾攻撃のニュースを聞いて夫は、「なぜだ、政府は知っていたのに」と繰り返しつぶやきながら部屋をグルグルと歩き回っていたという。後のミッドウェー海戦や山本五十六《いそろく》元帥機撃墜の被害も暗号解読の結果である。（参考『暗号の天才』R・W・クラーク著　新潮選書）

**【解読の意味】**――――この事実は、一九四五年八月に真珠湾調査委員会で発表された。これは米国が日本の降伏の動きを知っていたことを意味し、終戦促進という米国の原爆使用の正当化を否定するので重大である。

**【スターリンの米国利用】**――――米国は日本の支那事変の講和仲介を断り、対日敵視政策を促進した。日本は米国の貿易封鎖を解除するために必死に交渉したが、米国は言を左右にして相手にしなかった。しかし、その裏にスターリンがいた。ルーズベルトの支那満洲進出欲を利用して日米戦争を起こさせ、独ソ戦争に利用し、最後にはどんでん返しで米国を支那大陸から蹴り出すのである。

**【米軍の違法攻撃】**――――これはフライング・タイガー部隊が有名だ。日本は米英の援蒋ルートである南支那の大軍事道路を破壊した。するとルーズベルトは一九四一年、真珠湾事件の前から米陸軍航空隊を国民党軍機に偽装して日本軍を攻撃してきた。これが、米軍戦闘機百機以上、米兵二百五十名以上からなるシェンノート大佐のフライング・タイガー部隊である。これは米国による開戦前の完全な、宣戦布告のない卑怯な戦争行為であった。したがって、太平洋戦争で先に手を出したのは米国である。日本は米国を攻撃していなかった。義勇兵の名目自体が米軍の戦争前の戦闘であった証拠である。

**【米国中立法の解除】**――――一九四一年に独ソ戦が迫ると、ルーズベルトは欧州とアジアの戦争への直接参戦を望んだ。そこで、対外戦争を禁じている米国中立法の解除のために、日本を挑発して対米攻撃を誘い、自衛開戦の名目を得ようとしたのである。自衛戦争なら中立法は解除できるからである。これを「裏口からの参戦」と呼ぶ研究者もいる。

**【対日貿易封鎖の挑発】**――――米国は一九三八年には日本を敵視して、蒋介石への大軍事支援を開始しており、一九三九年には一方的に、江戸時代からの長年の日米通商航海条約を廃棄している。また、民間企業の航空機用ガソリン精製技術の日本企業への譲渡を禁止している。すでに日本との戦争の下準備を、真珠湾事件の二年以上も前から着々と始めていたのである。

一九四一年には日本に石油とくず鉄の輸出を禁止し、海外の莫大な日本の資産を凍結した。これは実質没収ということであり、日本が米国を攻撃していない以上、明白な戦争行為である。

日本の仏領インドシナへの進駐は、日本と当時の仏ビシー政府との協定によって行われており、戦争ではなかった。米国もビシー政権と外交関係を持っていた。日本は第二次大戦ではフランスとは戦争関係に入らなかった。日本が占領したのは、仏本国のビシー政権が崩壊した一九四五年三月である。

**【ＡＢＣＤ包囲網】**――ルーズベルトは、支那事変以来、日本を追い詰めていたが、自国だけでなく英国（ブリテン）、オランダ（ダッチ）、蔣介石（チャイナ）と手を組んで日本を経済的に封鎖したので、各国の頭文字をとってＡＢＣＤ包囲網という。仏国のＦは入っていない。戦前の英国はインド、ビルマ、マレー、香港を支配する世界最大の植民地大国であった。オランダはインドネシアに豊富な油田を持っており、本国はドイツに占領され滅亡していたので、英国に亡命政府を置いて現地総督に指令していた。米国は自国の対日石油禁輸により、日本がオランダに石油の購入を求めるとみて、オランダ亡命政府に圧力をかけて日本への石油輸出を妨害したのである。

**【日本の忍耐とハル・ノートの挑発】**――日本は米国から攻撃を受けても我慢し、何とか解決しようと忍耐強く交渉を続けてきた。しかしルーズベルトは、戦争準備ができたので十一月二十六日に突然、交渉内容と関係のない「ハル・ノート」を日本に突きつけた。それは日本に、戦争中の支那や満洲からの即時撤退を強要するほか、日本の軍備を買い取るなど、独立国として絶対に受諾不可能な要求であった。

**【ハル・ノートの国際的評価】**――――後に東京裁判でインドのパール判事はハル・ノートについて、「このような通牒を受け取れば、モナコやルクセンブルクのような小国でさえ米国に対して武器を取って立ち上がっただろう」と発言した。しかしそれこそがルーズベルトと、そしてスターリンの狙いだった。

**【ソ連のスノー作戦】**――――スターリンは一九四一年四月、諜報部の工作員であるパブロフを米国に派遣し、日本が絶対に受諾不可能な条件を米国人ソ連スパイである財務省のホワイトに伝えた。それが財務長官のモーゲンソー、大統領経由で国務省のハル・ノートに盛り込まれたのである。この諜報作戦は米国のスパイの名前にちなみ、スノー作戦と名づけられたという。

**【元KGBの回想】**――――この話は一九九五年、元KGBのパブロフがモスクワで回想録を発表して話題になり、NHKがそのインタビューを放映している。すでに戦後、ソ連がハル・ノートを作ったという説は流れていたが、あらためて確認されたのである。こうして米国は、伝統の支那満洲進出の欲望をスターリンの極東戦略に利用されたのも知らず、日米戦争に入っていったのである。ホワイトは国際的にも著名な人物であったが、戦後スパイ容疑でFBIから査問を受けると農場で不可解な急死を遂げた。スターリンの口封じによる謀殺の可能性がある。一九九五年に公開された戦時中のソ連スパイ通信解読記録（ベノナ文書）によれば、ホワイトは真性のソ連スパイであった。

**【ハルの二枚舌】**――――真珠湾事件は二千名以上の米軍人が戦死したので、米国議会の調査が始まり、国務省と国防省の責任問題となった。ハル長官は、国防省に日本の攻撃の可能性があることを連絡したはずと主張して責任を逃れようとしたが、国防省側は聞いていないと述べている。ハルはその裏で、対外的にはハル・ノートが日本に最後通牒と受け取られるとは思っていなかったと発言をしている。これは軍に警告を出したという発言と矛盾する二枚舌であった。

**【米国中枢の認識】**――――バランタイン国務省顧問によると、ハル国務長官は対日通告の翌日、スチムソン陸軍長官に、「外交交渉は終わった。後は君たち軍人の手に移った」と言ったという。しかし、この大戦争を引き起こした下手人《げしゅにん》の一人であるハルは、戦後ノーベル平和賞を受賞している。

**【米紙の戦争準備暴露】**――――一九四一年十二月五日の朝、米国のシカゴ・デイリー・トリビューン紙は、マンリー記者の署名入りで、ルーズベルトの欧州とアジアの詳細な大戦争計画を報じた。これは戦後、ルーズベルトの参戦方針に反対するバートン・ウィラー上院議員が、英国諜報部から入手した情報をマスコミに流したものと判明した。英国がこの情報をリークした意図はドイツへの威嚇であったが、日米戦争は決して日本の突然の奇襲攻撃で始まったわけではない。ルーズベルトは真珠湾攻撃の前から対日戦争の準備をしていたのである。（『ルーズベルト秘録』扶桑社文庫）

**【反撃の論理】**――日本の攻撃はそれまでの米国の攻撃に対する反撃であるから、本来は宣戦布告する必要はなかった。だから宣戦布告が遅れても卑怯ではないし、日本大使館員の手落ちでもない。それに、米国は日本の暗号を解読していた。そして米国は支那南部で、すでに大量の米軍機を国民党軍機に偽装して、宣戦布告せずに友好的な日本軍を攻撃している。

これこそ本当の卑怯であり、騙し討ちである。それに米国はそれまでも、義和団事件の出兵など宣戦布告せずに戦争をしている。また、戦後の朝鮮戦争やベトナム戦争でも宣戦布告をしていない。したがって日本の宣戦布告の遅れについての不意打ち非難は拒否してよい。ルーズベルトの非難は単なる米政府の挑発行為の偽装と、米軍の油断による大敗をすり替えた責任転嫁に過ぎない。

**【日本の反撃】**――日本は受諾不可能なハル・ノートの要求を前にして、国家の滅亡を覚悟したので、やむなく米国の過酷な対日政策の緩和を求めて反撃した。それが真珠湾事件の本質である。日本は決して米国本土を占領しようとしたわけではない。

**【反撃の大成功】**――ルーズベルトは、日本軍の真珠湾攻撃は予想していた。しかし当時は艦船攻撃に有効な航空魚雷は、真珠湾のような水深十二メートルの浅い海では投下直後に海底に突き刺さってしまうので使えないと考えられていた。このため米軍は空爆しか予想せず、真珠湾基地から空爆に弱い空母は外洋に退避させ、空爆に強い戦艦を残した。戦艦は甲板が厚く航空機の爆弾攻撃では沈められないというのが当時の軍事常識だったからである。

しかし日本海軍は、特殊なヒレのついた浅海用の航空魚雷を開発していた。このため米国の太平洋艦隊は、主力戦艦九隻が艦腹攻撃で撃沈破され壊滅したのである。これは日本の反撃を想定していたルーズベルトの想定外であり、日本海軍の世界の軍事史に輝く大勝利となった。ちなみに、日本海軍の大戦果を見てヒトラーまで航空魚雷の開発に力を入れるようになったという。

**【ルーズベルトに騙された米国人】**――――このため動転したルーズベルトは、それまでの経済封鎖やハル・ノートなどの意地の悪い対日挑発行為を隠蔽して、ひたすら奇襲攻撃を受けたと悲鳴を上げ被害者を偽装し、日本を誹謗中傷した。このため、それまでの対日挑発政策の経緯を知らされなかった一般米国人は、日本の攻撃が反撃であることを知らず、憎み怒った。今でも多くの米国人は自国のハル・ノート要求や対日貿易封鎖を知らされていないという。米国人に正しい史実を知らせるべきである。

**【真珠湾攻撃】**――――日本は多くの空母や巡洋艦からなる史上最大の機動部隊を密かに派遣し、ハワイの真珠湾軍港の米国太平洋艦隊を航空攻撃した。松田憲雄（空母赤城《あかぎ》の九七式艦上攻撃機搭乗で通信兵、徳之島出身）の真珠湾攻撃体験記から抜粋要約しよう。

「（十二月五日には各機毎に清酒一本が配布され全搭乗員が集まり壮途を祝し大宴会を開いた。七日は終日整備を行い早めに就寝した）

十二月八日午前零時三十分（東京時間）『総員起こしー』がかかった。飛び起きると洗面し眠気を吹き飛ばした。朝食は主計科の心づくしの赤飯。弁当は寿司だった。飛行甲板には轟々と各機の試運転のエンジン音がかしましい。『予定搭乗員整列』、甲高い号令が拡声器から流れた。艦長長谷川大佐は簡潔な命令を下した。『予定計画により敵を撃滅せよ。成功を祈る』。続いて南雲長官が挨拶し、参謀が山本連合艦隊司令長官の訓示電を読み上げた。艦橋下から走り出た参謀が『敵は察知していない。ジャズがじゃんじゃん流れているぞ』と勢いよく言った。

松浦操縦士の『征きます』の声と同時に九九式艦上爆撃機が走り出した。母艦の乗員が千切れるように帽子を振っている。そして空母加賀、蒼龍、飛龍、翔鶴、瑞鶴の艦爆、制空零戦が舞い上がり百八十機からなる第一次攻撃隊の大編隊は一路ハワイに向かって進撃したのである。雲の上を編隊は飛んでいる。『朝日が奇麗ですよ』、松浦の声で頭を上げた。荘厳な朝明けだ。雲上飛行約二時間。『右前方下』、雲の切れ目からオアフ島の海岸線が見える。アメリカ戦艦が数隻づつ二列に並んでいる。急いで機関銃に弾倉を装着した。受信機に攻撃隊指揮官の『突撃準備体形を作れ』が入ってきた。

大黒煙をあげる撃沈された米戦艦

パールハーバーが近づくと敵の高射砲の攻撃が始まった。その対応の早さにはびっくりした。脅威感はないが、何かが喉に詰まったようで口が渇いていた。ババーンと大きな爆発音がして飛行機が大きく揺れた。外側の戦艦群に火柱、黒煙が見えるのは雷撃隊の成果だろう。『テーッ（撃て）』という声が聞こえ、機体がフワーと浮いた感じになったと同時に下方窓をスーッと爆弾が流れていった。爆弾はテネシー型とウェストバージニア型戦艦に命中した。攻撃を終わると集結地点に集まり各機を誘導して帰投進路についた。約一時間で整然と輪型陣を組んでいる機動部隊に到着し赤城上空で飛行隊解散、無事着艦した。撮影した写真は皆失敗しており同僚先輩から笑われた。中隊長は苦笑いしながら、『初陣だから仕方がないが、これからはぐっと金玉をさげなくちゃいかんぞ』といった。

十二月二十四日、機動部隊は柱島泊地に戻った。私たちは出撃前の鹿児島の基地に向かった。一ヶ月あまりの垢を落とし、理髪店で髭を剃ったが、店員さんが剃る手を休めて状況を聞いてくるので、店を出るときには夜の灯りがついていた。鴨池から天文館通りまで歩いた。揺れない大地を歩いている感触は何ともいえない喜びだった」（『雷撃機電信員の死闘』松田憲雄著　光人社

NF文庫）

**【軍事的評価】**――――英国の歴史家A・テイラーは「米国の宣伝で誹謗されているが真珠湾攻撃は戦術から見れば天才的な一撃であった」と記し、G・ウィントも「いつか忘れがたい軍事的功績として評価されるだろう」と述べている。米国人以外の軍事専門家は、軍事史の金字塔として高く評価しているのである。

**【日本国民の団結】**――――天皇はじめ国民は対米英戦を望んでいなかったが、我慢の挙げ句に追い詰められて立ち上がった。日本国民は一致団結した。以下は著名な歌人の作品である。

斎藤茂吉は「何なれや心おごれる老大の耄碌《もうろく》国を撃ちてしやまん」

会津八一は「ますらをやひとたび立てばイギリスのしこの黒船みづきはてつも」と詠んだ。

**【天皇陛下のグルー大使へのご配慮】**――――日米開戦により米国に帰国する米国のグルー駐日大使に対して天皇陛下は、秩父宮妃殿下を通じて餞別を贈られた。大使が日米戦争に反対していたことを知っておられたからである。

「大使夫人は記念品を渡すとポロポロと涙をこぼし倒れそうになって大使の腕に支えられた」

（『あの時「昭和」が変わった』加瀬俊一著　光文社）

グルー大使はその後も米国国務省で、日本の立場を考慮して慎重に影響力を行使し、天皇処刑論まで出た米国で天皇と日本を擁護してくれた。一九四四年には親日派の終戦工作の一環として

『滞日十年』を刊行し、宣伝により日本憎悪で狂ったようになった無知な米国世論を、正しい日本の知識で啓蒙したのである。

**【日本軍の勇戦、善戦】**――対米戦争が始まると日本軍人は、名誉を重んじる日本古来の武士道精神に従い、犠牲を恐れず勇敢に戦った。世界に同じ武器を持たせれば、武士の伝統を持つ日本軍人に敵《かな》う国民はいないのである。このため欧米はその戦いぶりに驚嘆し恐れた。そして日本軍人の勇気には到底敵わないという敗北感から、逆に日本軍を軍国主義、超国家主義、残酷、野蛮、狂気などと馬鹿げたレッテルを貼り、大宣伝を行ったのである。しかし、同じ行動でも自軍なら英雄扱いであったから、負け犬の誹謗である。したがって日本人は、日本軍に対する誹謗中傷に騙されてはならない。

**【米国の対ソ工作】**――米国はソ連を対日戦に巻き込むため、スターリンに日本がソ連攻撃を計画していると伝えたが、スターリンは日本のスパイから正確な情報を得ていたのでトリックと見破り動かなかった。

**【大空のサムライ】**――坂井三郎氏は九州の農家に生まれ十六歳で海軍を志し、海軍航空隊の戦闘機パイロットとして支那事変、日米戦争を戦い抜き、敵の爆撃機や戦闘機を大小七十機近く撃墜し生還した。世界の空軍でエースと呼ばれる日本の撃墜王の一人である。平常からも空中戦のために限界に耐えるように心身を鍛え、最も重要な視力では鍛錬の結果、昼間でも星が見えるようになったという。坂井氏はまさに、二十世紀の宮本武蔵である。同氏の世界的なベストセラー『大空のサムライ』から抜粋要約する。坂井一飛曹は一九四二年、戦死者が続出し搭乗員の墓場といわれた南洋ラバウル基地で戦友と激戦の日々を送る。

**【敵機誤認と被弾】**――ある日、坂井機はガダルカナル上空で敵の八機の艦上爆撃機の編隊を戦闘機と誤認して追跡したため、敵の合計十六丁の機関銃で撃たれて重傷を負う。

「私はバットで一撃されたような感じがして地の底へ吸い込まれるように意識が遠くなり楽な気持ちになっていた。

（朦朧とした意識の底で故郷の厳母の叱咤する声を聞く。すると意識が戻ってきた。気がつくと飛行機は海面スレスレを背面飛行をしていた。それでもエンジンが動いているので血止めをしながらラバウルまで戻ろうと努力する）

燃料が不足してきた。そこで下を見ると日本海軍の一万トン級の巡洋艦が二隻、白い航跡を引いてガダルカナル島に向かっているのが見えた。すると着水したら助けてもらえるかな、という気になって接近した。しかしすぐにやめた。この二隻は重大な任務をもった数千人もの人間がいま死を決して戦場に向かっているのだ。それをわずか一機、私一個の生命のために瞬時たりとも停めてはいけない、とんでもないことを考えたものだと気がついた」

**【奇跡の生還と内地送還】**――そして重傷を負いながらついに、東京から屋久島の距離に匹敵する一千キロ以上を四時間以上かかって、奇跡的にラバウル基地に帰着する。しかし視力は回復せず内地治療を命じられる。本人は強い戦友愛からかたくなに拒むが、司令官に説得されついに帰国することにする。

**【笹井中尉ら戦友との別れ】**――――送別会の翌日、四発の飛行艇がラバウルの波止場の沖で待っていた。

「いよいよ別れである。ラバウルとも戦友とも。ランチに乗ろうとするその時、上官の笹井中尉は私の手をしっかり握って、貴様と別れるのは貴様よりもつらいといった。その目には涙が一杯あふれていた。そして自分の銀製のバックルをくれた。そこには虎の彫り物があった。『虎は千里を行って千里を帰るという縁起だ。だからまた帰ってこい。待っているぞ』。

それが坂井氏と笹井中尉の最後の別れとなった。中尉はその後、ガダルカナル上空で壮烈な戦死を遂げた。後にその知らせを聞いた坂井氏は、一度、空中戦で中尉を助けたことがあり、自分がついていれば殺させなかったのにと男泣きに泣いた」

**【現代の若い人へ】**――――坂井三郎氏は現代の若者に対して、大東亜戦争という日本の存亡の危機にあたり、若い前途有望な青年たちがみな命をかけて祖国を守ろうとした史実を忘れないでほしいと述べている。戦死された方々はみな健康で頭脳明晰な、次代の日本を背負う人々であった。その方々の日本を守る志を継承することが、再び危機の時代を迎えた現代日本人の使命である。

**【米国の弱み】**――――米国は続行中の支那事変の援助に加えて、蒋介石にさらに本格的な援助を開始して積極的な対日攻撃を期待した。しかし、重慶に逃げ込んだ蒋介石は、戦後の共産党との内戦再開に備えて国民党軍主力を温存し、日本軍とは積極的に戦おうとしなかった。

**【米と中共の関係】**――――このため米国は、蒋介石の厭戦に困り果て、中共にまで対日攻撃を頼みに接触する。当時の中共はソ連と口裏を合わせて共産主義者であることを隠蔽し、農地制度改革運動者を偽装していた。ルーズベルトら米国首脳は支那事情に無知だったので、この嘘を信じ込んだ。さらにジョン・サービスら米国外交官がソ連の工作にとり込まれ、彼らは米国政府に蒋介石への援助中止と中共への軍事援助を提言した。そして一時は、毛沢東と周恩来をワシントンに招きルーズベルトに会わせる計画まで作られ、米国と毛沢東は日本海側からの日本上陸作戦まで提案したという。こうした関係から、共産党の本拠地の延安で撮影された米軍高官の写真が残っているのである。しかしこの方針転換は、蒋介石や共和党のハーレー大使らの猛反対で結局、実現しなかった。ジョン・サービスらは戦後、赤狩りで逮捕されスパイ罪で処罰されている。

**【長距離爆撃戦略】**――――折から米国は長距離爆撃機B二九が完成したので、米軍は埒《らち》の明かない支那戦線を諦め、太平洋の島伝いに日本軍を攻略する戦略に切り換えた。これにより蒋介石を使った支那における対日戦の戦略的な重要度は低下した。

**【日本の敗北】**――――日本国民は民族主義により心を一つにして必死に戦った。しかし、資源や兵器に勝る米軍の攻撃で軍事力を失い、爆撃で主要都市が焦土となり、戦争継続能力を失った。沖縄も占領された。このため降伏の準備に入った。

**【米海軍長官の疑問】**――――フォレスタル海軍長官は、一九四五年五月一日の日記に次のように記している。

「どこまで日本を破壊すべきなのか。日本を欧州最貧国のルーマニア並みにするというモーゲンソー財務長官のいうようにするなら、極東に増大するソ連の力を中国によって対抗しようというのか。米国はまるで野球ゲームのように勝つことばかりに集中してきたが、ドイツと日本が消滅した後の国際関係に対する配慮が欠けていたのではないか」（『ルーズベルト秘録』扶桑社文庫）

これこそマクマリーやグルーが心配していた展開であった。しかし、ソ連スパイの支配する米国中枢やマスコミではフォレスタル長官は冷遇され誹謗された。

**【米軍人が読んだ日本軍人の遺書】**――――著名な日本学者ドナルド・キーン氏は当時、海軍語学校を首席で卒業し、戦場で収容された日本軍人の遺書や手帳などの記録をハワイで翻訳していた。その時の感慨を『日本との出会い』（中公文庫）の中で次のように記している。

「日本軍の耐えた困苦のほどは圧倒的な感動を呼び起こした。米兵は帰国だけを考えており、その対照が私の心に付きまとって離れなかった。大義のために滅私奉公する日本人と、帰郷の事以外には全く関心をもたない大部分のアメリカ人との対照である。私は日本の軍国主義者の理想を受け入れることは出来ないが、一般の日本の兵士に対しては賛嘆を禁じえなかった。そして結局、日本人こそ勝利に値するのではないか、と信ずるに到った」

この士気の違いは、日本軍人の戦争が国土防衛の聖戦であったのに対して、米軍はアジア植民地主義の侵略であったから当然である。軍国主義とは日本民族主義のことであり、白人の侵略に抵抗する日本軍の勇敢さに手を焼いた米国が困って貼り付けた無意味な中傷用語に過ぎない。

**【原爆投下の狙い】**――米国は日本が降伏を検討していることを暗号解読ですでに知っていたが、原爆を投下した。これはヤルタ協定を利用して日ソ中立条約を破って満洲の代理占領に入ろうとするスターリンに対し、戦後満洲を引き渡すという約束を守らせるための威嚇であったと考えられる。

**【米国の詭弁】**――米国は、原爆は降伏を早めて二百万の日本人を救ったと詭弁を弄しているが、それなら少なくとも二発目を投下する前にその旨を警告すべきであるから、嘘と分かる。警告しなかったのは日本の降伏が対象ではなかったからである。広島の捕虜収容所では米軍捕虜が被爆し死亡していたが、戦後は米政府により長く隠蔽されてきた。米国の異常に興奮した国民の間には、もっと原爆を日本に落とすべきという声があったという。反日宣伝に踊らされる大衆の愚かさをよく示している。

**【特別攻撃隊の事績】**――日本はルーズベルトの民族絶滅攻撃に対して、民族の総力をあげて抵抗した。日本軍の陸海空における奮戦は世界に名高く、大東亜戦争の戦死者は二百三十万人に上る。その中でも六千余名の陸海軍特別攻撃隊の貢献は、不滅の偉業として日本民族の歴史に輝いている。

**【特別攻撃隊員の子息を見送った父親の手記】**――これは工藤雪枝氏が梅原少尉の父上の手記をもとに『特攻へのレクイエム』（中公文庫）で紹介されている。この話は、日本民族の至誠の記録として永久に語り継がれるべきものと思うので、ぜひとも原著を読んでいただきたい。父親の揺れ動く心と、梅原少尉の健気さが心を打つ。日本人なら誰も、涙なくして読むことはできない。

「連絡」――父親は十一月二十一日の朝「ハハコラレタシ　アキラ」という電報を受け取る。しかし妻は原因不明の熱で臥《ふ》せっている。そこで父が静岡県三島から夜行で三重県明野に面会に行く。子息（梅原彰少尉、陸士五七期）は、「今度南方に行くことになったので荷物を持って帰ってください」とにこにこして言う。

帰宅して妻に話すと妻は異変を察し、手織りの白絹を夫に託す。そこで数日後また面会に向かう。そして子息が特攻隊の命令を受けたことを知る。その夜、宿に子息と出撃する六人の隊員たちが訪ねてくる。

「出撃前夜」――父は母の手紙と白絹を渡す。父が遺筆を願うと梅原少尉は「ますらをの心は猛しわれこそは矢弾おかして必中期せん」と記した。父はぎこちない歌だなと笑う。しかし「彰の言葉を聞きながら、あの歌こそこの子の必死の真情を吐露したものだったと思い合わされて、自分の軽々しい笑いが何にも恥ずかしく、彰の前に私は消え入りたい気持ちであった」

「出撃の朝」――「飛行指揮所まで行った時、私は思わず目を覆った。六名は真新しい軍服を身につけ、……彰は母の心づくしの白絹を首に巻いてくれていた。立派な若武者の出陣であった。……抱きしめてやりたい。その思いが一瞬、私の胸をかすめた。……私はこのままでは別れがたく言った。『決して自分だけのことを考えるなよ』……すると彰はビシッと不動の姿勢を取った。『ご心配ばかりおかけし、孝行らしきこともできずに散るのは申し訳ありません。死をもって遂行する任務に選ばれたことはまことに光栄であります。……これにより、ご恩返しもできずに散ることをお許しください』。私は何も言うことはできなかった。ただ、涙が滂沱として落ちた。そして、『これお父さんに買って頂いた時計ですが、お母さんに形見にあげてください。彰は元気で行きます。頂いたマフラーをありがたく身につけて行きます。お母さんによろしくお伝えください』。彼が挙手の礼に私は永く永く頭を下げた。……離陸した全機は飛行場の上空を大きく一周すると南にそろえてまっしぐらに、やがて爆音は消え機影はいつしか青空に溶け込んでいったのであった」

「参拝」――父は帰宅したその日から三島大社に日参した。そして遂に丹心隊の六機がレイテ湾内の敵艦隊を沈めたというラジオ放送を聴く。父は三島大社の方向を伏し拝み、家の祭壇に子息の写真を飾った。

**【米国側の特攻被害】**――昭和十九年十二月十日、陸軍特攻八紘丹心隊の石田国夫中尉以下、石村政敏少尉、大石栄少尉、佐々田真三郎少尉、永塚孝三少尉、梅原彰少尉の六人全員が特攻戦死。米国側の記録では、駆逐艦、戦車揚陸艦、魚雷艇、貨物船の四隻が撃沈された。日本の航空特攻により米海軍は空母を含む三百隻の艦船が被害を受け、そのうち三十隻が撃沈され、米側の戦死者は合計約五千名に達した。

**【知覧特攻平和会館見学者の感想】**――『特攻へのレクイエム』工藤雪枝著（中公文庫）から抜粋。

「今日初めて訪れて涙が止まりませんでした。戦争を知らない世代としてカミカゼと冗談でいうことの愚かさ、恐ろしさを知りました。私より若い人が国のために死んでいったなんてびっくりです。自分の人生について深く考えさせられました」（二十代　女性）

「私は鹿児島市内にいて今までこの地に来たことがなかったことを恥ずかしく思います。私たちと同じ歳の頼もしい好青年の勇姿に強く心を打たれました。私は今日この地に足を運んだことにより、何か特別な感動によって新しい考え方を持つことができたと思います。本当に来てよかっ

た」（十代　女性）

**【慰霊参拝】**――――決死の特攻で戦死された英霊には、日本人なら誰もが深い感動と感謝を禁じえない。ぜひ靖国神社や各県の護国神社、東京世田谷の特攻隊英霊を祀る観音堂、知覧特攻平和会館など英霊顕彰施設を巡礼し参拝していただきたい。

**【沖縄戦】**――――日本は元寇では蒙古を撃退したが、太平洋戦争では白人に国土を占領された。しかし、国土防衛の最前線となった沖縄の、守備軍と県民の軍民あげての英雄的な戦いぶりは今日も伝えられている。

**【特攻救援】**――――本土からは救援のため戦艦大和が出撃したが、米軍機の大軍の攻撃を受けて撃沈された。吉田満著『戦艦大和ノ最期』（講談社文芸文庫）を読んでいただきたい。また、二十歳前を含む若い搭乗員を乗せた二千機以上の特攻機が、鹿児島の知覧などの基地から飛び立ち、沖縄に来襲した大艦隊を攻撃した。地上の日本軍も決死の特攻攻撃を行った。特攻機が攻撃すると米軍の砲口が一斉に空に向かうので、その間に、地下壕に潜んだ日本軍と県民は外に出て飲み水を補給できたが、特攻機が炎に包まれ墜落するのを見て合掌したという。

**【大田海軍司令官の最後の電文】**――――一九四五年六月六日、海軍沖縄守備隊司令官で自決した大田実中将から東京の大本営にあてた電文が残されている。沖縄守備軍には全国都道府県出身の軍人が参加しており、沖縄県民を含め日本国民が総力を挙げて敵の侵略に抵抗したことがよく分かる。

「沖縄県民の実情に関しては、県知事より報告せらるるべきも、県には既に通信力なく、三二軍司令部もまた通信の余力無しと認めらるるにつき、本職県知事の依頼を受けたるにあらざれども、現状を看過するに忍びず、これに代わって緊急ご通知申し上ぐ。

沖縄県に敵攻略を開始以来、陸海軍方面とも防衛戦闘に専念し、県民に関しては殆ど省みるに暇無かりき。然れども、本職の知れる範囲においては、県民は青壮年の全部を防衛召集に捧げ、残る老幼婦女子のみが相次ぐ砲爆撃に家屋と財産の全部を焼却せられ、わずかに身をもって、軍の作戦に差し支え無き場所の小防空壕に避難、なお砲爆下をさまよい、風雨にさらされつつ乏しき生活に甘んじありたり。

しかも若き婦人は率先軍に身を捧げ、看護婦、炊事婦はもとより、砲弾運び、挺身斬込隊すら申し出るものあり。所詮、敵来りなば老人子供は殺されるべく、婦女子は後方に運び去られて毒牙に供せらるべしとて、親子生き別れ、娘を軍衛門に捨つる親あり。看護婦に至りては、軍移動に際し、衛生兵すでに出発し身より無き重傷者を助けて共にさまよう、真面目にして一時の感情に馳せられたるものとは思われず。

さらに軍において作戦の大転換あるや、夜の中に遥かに遠隔地方の住民地区を指定せられ、輸送力皆無の者、黙々として雨中を移動するあり。これを要するに陸海軍沖縄進駐以来、終始一貫、勤労奉仕、物資節約を強要せられて、ただただ日本人としてのご奉公の一念を胸に抱きつつ遂に……（不明）……報われることなくして、本戦闘の末期を迎え、実状形容すべくもなし。一木一草焦土と化せん。糧食六月一杯を支えるのみなりと謂う。沖縄県民かく戦へり。県民に対し後世特別のご高配を賜らんことを」（『沖縄旧海軍司令部壕の軌跡』宮里一夫編著　ニライ社）

【海軍壕参拝】――那覇市内の海軍司令部が置かれた地下の海軍壕には、大田司令官らが自決された部屋が残されており献花が絶えない。

【沖縄守備軍の最期】――一九四五年六月、日本守備軍は国土防衛のために最後まで戦い、攻撃してきた米第十軍司令官のパックナー中将を、重砲の砲撃で戦死させた。しかし、六月十八日、沖縄本島南端の身を隠す場所もない摩文仁《まぶに》の平野に追い詰められ、武器弾薬も尽き全滅した。司令官牛島満中将（五十七歳）は自決した。

辞世「秋を待たで枯れ行く島の青草は皇国の春に甦らなむ」（今、沖縄防衛戦で倒れて行く同胞よ、あなた達は春に草が萌えるように、日本が復興したときに必ず日本人として再び生まれ変わり、蘇ることであろう）

皇国（みくに）＝日本、青草＝日本国民（軍人、県民）のたとえ。牛島中将のお墓は現在、東京の青山霊園とさいたま市の青葉園にもあり大切に祀られている。

【沖縄南部の戦場】――沖縄の戦場跡は戦後二年間近く手が入らず、戦死された軍人や県民の遺骨が野ざらしになったままとなっていた。しかしその後、遺骨収容が行われ、現在は一面緑のさとうきび畑に変わっている。軍民二十万の日本国土防衛の奮戦の跡をしのび、殉国の英霊に感謝の誠を捧げるためぜひ現地を巡礼していただきたい。

**【降伏問題】**――ルーズベルトは無条件降伏にこだわったため、戦争は勝ち負けではなく民族の生死の問題となり、日本もドイツも少年少女を含む民族の総力を挙げて必死に戦った。このため、ルーズベルトの急死で交代したトルーマンは、日ソ間の暗号通信を傍受して、天皇の護持が日本の降伏条件と知り、天皇の維持が可能なように降伏条件を変えた。そこで日本は一九四五年八月十五日にポツダム宣言を受諾して降伏したのである。

日本はドイツとは違い無条件降伏はしてはいない。

**【ビルマの軍旗奉焼】**――日本軍は、一九四二年にはビルマ作戦の勝利で連合軍をインド領内に駆逐したが、その後四年、敵の反攻を受けて敗退を続けていた。八月十六日、大塚連隊長はビルマ方面司令官から、ポツダム宣言受諾の軍命を伝達された。これにより全部隊は戦闘行動を停止した。菊兵団（第十八師団）最強といわれた歩兵第一一四連隊では、軍旗の奉焼が行われた。「八月二十五日夕刻、小雨の中、林間の広場に連隊長以下代表の下士官らが参集した。大塚連隊長の痛恨きわまりない奉焼の辞が終わると、軍旗は旗手から連隊長に手渡され、連隊長はみずから燃えさかる薪の火の上に軍旗を差し出した。軍旗に火が移った後、薪にガソリンが注がれると軍旗は一瞬にして全面炎と化した。その煙は一同が食い入るように見守る中、チーク林に低く棚引いた。多くの戦友を失いながらも勝利を信じて戦ってきた全将兵は、今こそ慟哭し、目に涙を浮かべながら『海ゆかば』を合唱した。この悲壮な情景は終生忘れることのできない痛惜のセレモニーとなった」（『死守命令』田中稔著　光人社NF文庫）

## アジアの解放

**【アジアの解放とは】**――日本は米英戦の開始と共に、彼らの東洋支配の軍事拠点を攻撃して占領した。これにより、欧米の支配下にあった各国の国民は、白人支配から解放された。日本軍は宗主国の反攻を想定して、彼らに独立の訓練と教育を与えた。このため、日本が敗戦したあと各国の国民は、再来した白人宗主国と戦い自力で独立を勝ち取ったのである。ジャワ派遣軍の宮本参謀は、「日本軍は苗床の覆いを取ったようなもの。あとは現地が自分で伸びて行った」と述べている。日本のアジア解放は、大航海時代以来、何世紀にもわたる世界の白人支配の歴史を変え、今日の世界をつくった世界史的な大事業であった。

**【経過】**――――一九四一年、日本軍は真珠湾を攻撃すると同時に、米英が植民地で支配しているマニラやシンガポールなど巨大軍事基地を攻撃、短期間に征服した。

日本の攻撃を受けた植民地軍は物量と兵力で日本よりも優れていたが、本国を守るわけではなかったから精神的に弱かった。一方、日本軍は少数ながら精強であり、現地人の積極的な協力と支援を受けて破竹の進撃を続けた。

こうして英領マレー、英領ビルマ、英領香港、蘭領インドネシア、米領フィリピンなどが次々に日本軍に占領された。日本軍が欧米植民地軍を破り、十万人以上の白人兵を捕虜にすると、何百年以上もの長いあいだ白人の残酷な植民地支配に苦しんできた現地人は、日本軍を解放軍として迎え大歓迎した。オランダ軍のテルプールテン中将は、部下のゲリラ戦の提案に対して、現地人に憎まれていることから自信がなく、抗戦は不可能と判断し、日本軍に降伏した。

日本軍は指導者の育成を含む独立準備教育を与え、一九四三年、日本は大東亜会議を主催して各国指導者を東京に招請し、独立を承認した。

その後日本が大戦に負けると、白人宗主国が植民地再建のため旧植民地に戻ってきた。彼らはアジアの豊かな植民地を失えば、欧州の貧しい小国に戻るので必死だった。しかし、日本軍の独立教育を受けた現地人は立ち上がり、激しい独立戦争の結果、再度独立を達成したのである。

**【大戦争のポイント】**――――日本の全体戦略、日本軍の勇戦ぶり、インドにまで及ぶ戦争規模

シンガポール解放

の巨大さ、現地人との心の交流、歴史的偉業と今日への影響などを知っておきたい。

アジア解放における日本軍の偉大さは、戦後に日本人が反日宣伝で戦争の正しい記憶を奪われているので、現地人のほうがむしろ知っている。筆者が若い頃、クアラルンプールの出張先では、現地の運転手が愛国行進曲を歌ってくれた。少年時代は憲兵隊で給仕として働き、憲兵隊員に可愛がられたという。

また日本軍は戦後、欧米中ソの残酷な迫害を受けたので、犠牲者の顕彰と鎮魂が必要である。

**【英国東洋艦隊の壊滅】**――日本海軍航空隊は開戦直後の十二月九日、日本の輸送船団を攻撃するために出撃していた当時世界最強といわれた英国東洋艦隊旗艦の戦艦プリンス・オブ・ウェールズと巡洋戦艦レパルスを、インドシナ沖で発見し航空魚雷攻撃により撃沈した。

このニュースはアジアだけでなくアフリカ、米国の有色人種を反白人支配の熱狂の渦に巻き込んだ。それまで世界の海軍は、戦艦を航空攻撃で撃沈できるとは思っておらず、英国は日本海軍の実力を軽視しきっていたのである。以下は米国ＣＢＣ放送の特派員セシル・ブラウンと攻撃隊指揮官、宮内少佐の記録である。（抜粋要約『マレー沖海戦』須藤朔著　戦史刊行会企画　白金書房、『真珠湾は燃えている』J・トーランド著　恒文社　ほか）

**【戦闘前夜のレパルス艦内】**――――「士官室で十数人の士官が車座になって雑談していた。『あいつらジャップはとんでもない馬鹿だ』、『あいつらは飛べない』、『ジャップは夜は目も見えないし、訓練もされていない。ややましな軍艦を持っているが、近眼で射撃ができない』などといって日本軍を馬鹿にしていた。そこで私（CBCブラウン特派員）が、日本軍を過少評価しているのではないかというと、英軍士官たちは、『敵がそれほど有能とは思えない。世界で一番弱いのは支那兵だ。それなのに五年かかっても蔣介石を負かすことができなかったじゃないか』と答えた」

あの広漠たる支邦における兵站補給がどれほど大変なものかは考えもしないのである。ソ連と米国の蔣介石に対する膨大な軍事援助の事実を欧米人が知らなかったことが分かる。

**【日本海軍側の攻撃体験記】**――――「私（宮内少佐）は司令に『雷撃隊発進準備よし』と報告した。各機に走ってゆく搭乗員の後姿を見ながら、この中の三分の一の生還があるのだろうか。必殺の攻撃を敢行して靖国神社で乾杯しようぜと胸の中でつぶやいていた」

**【敵艦攻撃】**――――「突撃！　突撃！　もう私たちは人間ではなかった。全身全霊が魚雷に乗り移って攻撃兵器そのものになっていた。鍋田大尉は背中を丸め、口を一文字に結んで、敵艦胴腹に向かってしっかりと操縦桿を握っていた。

いっせいに打ち出された一分間に六万発という敵の防禦砲火《ぼうぎょ》、その光景はものすごく、筆舌を持って表現はできない。ぐんぐん高度を下げる。副操縦員が発射レバーを握った時、私はレバーを二重につかんでまだまだと心の中でつぶやいた。生も死もない。ただこの一発の命中あるのみだった。一千メートルよりさらに半分突っ込んで発射した。敵がどう回避しようと必ず命中する。私はウェールズの艦橋すれすれに飛びぬけた。もう撃ってこない。嘘のように静かだった。

二千メートル位離れて振り返ってみると、艦橋の中央に百メートルほどの大水柱が天にも昇れと立ち上がっている。また上がった。やつはプリンスだ。また上がった。おお！　二番艦にも、やった、やったバンザイ！　機内ではみんな踊っていた。泣き笑いしていた。夢ではあるまいか、と頬をつねってみたが痛かった。俺たちは生きているのかと一人が発言したのは、帰路について半時もたってだろうか」


**【米人記者からみた日本軍機の勇敢な攻撃ぶり】**――ブラウン特派員は次のような観戦記を発表している。

「日本の爆撃機隊が巡洋戦艦レパルスにじりじりと迫ってきた。私は甲板にいたのでよく見えた。わが艦の高角砲はたちまち火を吐き、砲弾の炸裂する砲音は耳を劈《つんざ》いた。日本機は爆撃を開始した。一弾はカタパルトデッキを突きぬけて大食堂の下で爆発した。プリンス・オブ・ウェールズは命中弾を受けたようだった。艦砲は猛然と火蓋を切って怒号し始めた。一機また一機と日本機は次々にわが艦を攻撃し、レパルスは避けようと必死の努力を行った。

その中を日本の雷撃機は勇敢に急降下しては再び舞い上がった。日本機が上空から航空魚雷を舷側に投下した。大きな水煙となって火柱がさっと立ち上った。驚くような低空飛行だ。私の隣にいた水兵が『すごい度胸だ。こんな見事な攻撃を見るのは初めてだぜ』と叫んだ。

今度は爆撃機と雷撃機が旋回したと見る間に一機が猛烈な速度でわが艦めがけて急降下し、大きな魚雷がぱっと撃たれた。『危ない』と監視兵が叫ぶと同時に、魚雷はデッキに激突大爆発、私は腹ばいになった。この一撃でレパルスは傾き始め、間もなく沈没したのである。私は日本空軍の勇敢さと技量の優秀さには、今まで日本軍は弱いと聞いていただけに、驚嘆してしまった」

この後、同記者の記事は掲載が禁止された。戦時下の報道管制は日本だけではなかったのである。

**【英海軍提督の最期】**――英国東洋艦隊のフィリップス提督は、座乗していたプリンス・オブ・ウェールズが沈没する際、幕僚の脱出の懇請を「ノー・サンキュー」といって拒み、艦と運命をともにした。

**【チャーチルの衝撃】**――チャーチルの第二次大戦回顧録によると、この夜チャーチルは電話で起こされた。

「『首相、プリンス・オブ・ウェールズとレパルスが日本軍に沈められました。トム・フィリップスは戦死しました』。私は受話器を置いた。独りきりであることを感謝した。戦争の全期間を通じてこれほどのショックを受けたことはなかった。英米の主力艦はもはやインド洋にも太平洋にもいない。この広い海域で日本は主導権を握ったのだ」

**【生還英国水兵の談話】**――マレー沖海戦の英軍生残者たちの回想が、二〇〇六年にテレビで放映された。彼らは「日本の飛行機は紙でできている」などと馬鹿にしていたが、実際に見た日本海軍航空隊の攻撃ぶりは驚くほど勇敢で優秀だったという。撃沈されると約八割の二千名の乗員は海に投げ出されたが、日本軍機が随伴駆逐艦を攻撃しなかったので全員救助された。このため彼らは有難く思っている様子であった。日本側の犠牲はわずか攻撃機三機だけであった。

**【日本軍の鎮魂】**――海戦の一週間後、攻撃に参加した壱岐春記大尉は、クアンタン沖の戦場海域を通過する際、戦死した日英両軍の将兵の鎮魂のために機窓から花束を投下した。この話は後に戦場の美談として世界に報じられた。日本軍には武士の伝統に基づく戦いの美学や行動規範があった。しかし欧米人の戦争はすでに単なる大量殺戮の時代に入っていた。

**【白人の権威失墜】**――戦前、アジアでは、白人は現地人に対して〝半神〟として君臨していた。しかし英国の不沈戦艦が撃沈され、続いてシンガポールが陥落し、白人兵が精強な日本軍の前に敗退して現地人の前に惨めな捕虜姿をさらすと、偶像が崩壊し、現地人は白人を恐れなくなった。このため、戦後日本が撤退し白人が再び支配者としてやってきたが、一度失われた権威は二度と蘇ることはなかった。

**【日本人の平等意識】**――――日本軍人は現地人に対し平等に接した。あるオランダ人捕虜は日本人と現地人との間に、白人との間には見られなかった人間的なものがあることを認め、反省している。白人は現地人を単なる労働力としてしか見ていなかったからである。日本人が威張って現地人を差別し虐待したという戦後の非難は、白人や華僑が日本人と現地人との離間を図る反日宣伝であるから、騙されてはならない。

**【日本人の誇り】**――――日本人は自国の自衛戦にともない、白人植民地の解放という、世界史的な偉業を奇跡的に成し遂げた。大いに誇りに思ってよい。

**【二段階の独立過程】**――――現代の若いアジア人は、日本軍の独立寄与をあまり知らないという。もちろん、現地側がその後の独立戦争で勇敢に戦い独立を勝ち取ったことは確かである。しかしその前段階として、日本軍が植民地軍を追い払い、現地人に軍事を含む独立教育をしたことは明らかである。また戦後の独立戦争でも、日本軍の遺棄兵器、残留日本軍人の軍事教官の寄与が大きかった。

**【世界的な影響】**――――日本はかつて日露戦争の勝利でアジア人に独立の希望と民族の自信を生み出したが、日米戦争の緒戦の大勝利は、米国やアフリカの黒人を含めて白人の圧制に苦しむ世界の有色人種の間に大きな自覚と自信を抱かせた。このためルーズベルトは、国内で抑圧していた黒人系米国民の反乱を強く警戒した。

**【戦後の白人宗主国の反日宣伝】**――――現在、欧米の白人旧植民地宗主国は、戦後アジアの植民地諸国に独立を与えたのは自分たちだと主張し、戦前の白人の植民地を日本が奪い現地人を白人よりも残酷に弾圧して搾取したと非難する。そのため、戦後の宗主国の再植民地化に抵抗した現地人への大弾圧と独立戦争は隠蔽する。それは再植民地化の失敗と、日本が白人植民地軍を駆逐してアジアの独立を支援した史実を認めたくないからである。また、宗主国が独立を認めたといっても、真実は共産化を恐れる米国の指導でイヤイヤ認めたのである。

**【戦後日本政府の誤り】**――――現在の日本政府は、白人植民地宗主国の歪曲した歴史観に従属し、日本はアジアに迷惑をかけたと簡単に謝罪する。このため、現地が大きな犠牲を払った独立戦争が隠蔽され、史実のつじつまが合わなくなるので、日本国民とアジア人の双方から非難されるのである。そして白人からも、父祖である日本軍の命がけの努力を忘れていると軽蔑されるのである。

**【日本の軍政】**――――日本軍は各地で軍政を敷くと、現地人に独立の準備教育を施した。日本の目的は欧米植民地主義国のアジア反攻に備えることであったが、現地側は長年待ち続けてきたまたとない独立の機会なので、双方の利害が一致して日本に協力したのである。日本軍は、常に独立は自力で勝ち取るものであり、日本から与えられるものではないことを説明し、現地側も正しく理解していた。

**【独立支援】**――日本軍の教育の主な内容は、①青年指導者の育成、②民族主義の振興、③軍事教練、④行政訓練など、すべて白人宗主国が独立を恐れて決して与えなかったものばかりである。アジア各国の青年指導者たちは日本に招かれ、心身ともに厳しい教育訓練を受けた。これらの教育が日本の撤退後に欧米が来襲すると成果を発揮し、激しい独立戦争を戦い抜き、各国は独立を回復したのである。戦後も各地に残留した日本軍人の中には、独立戦争に協力して戦死した方も少なくない。

**【戦後の交流】**――日本軍に指導者教育を受けた青年たちは、独立後それぞれの政府で要職に就き、独立国家の発展に努めた。この中には戦後来日時に往時の教官を訪ね何度も旧交を温めている人もおり、温かい真の人間的な交流のあったことを偲《しの》ばせている。

**【アジア解放の呼びかけ】**――日本は軍事作戦とともに、植民地国民に白人支配に反対するアジアの独立を呼びかけた。このアジア解放戦略の特徴は、公開工作であり、特定の政治勢力を抱き込むのではなく、一般のアジアの人々に直接立ち上がるよう呼びかけたことである。これはラジオ放送の効果を利用した近代的な手法であった。そしてこれが大成功した背景には、長年の白人支配に反発するアジア大衆の自由と独立を求める強い願望があった。

インド解放作戦を担当したF機関の藤原岩市少佐は、サイゴンとペナンの放送局からアジア全域に向かって、日本の解放戦争の意義を説明し、現地人に白人支配から立ち上がるように呼びかけた。インドネシアの独立運動家たちは、外部にラジオの音が漏れないように毛布をかぶってこの放送を聴いたという。これによりメイジャー（少佐）フジワラの名声は、アジアの一般庶民にまで知れ渡った。世界史的に見ると藤原少佐らは、アラビアのロレンスなど及びもつかないほどの偉業を達成したのである。

**【F機関とインドの解放】**――一九四一年九月、日米関係が厳しくなると、大本営の参謀、藤原岩市少佐（当時三十三歳）は杉山参謀総長から英国のインド植民地の解放作戦の命令を受けた。英会話もできないので困難な任務と思ったが、班員と明治神宮に参拝し、アジア解放の決死の覚悟を決めた。そして世田谷の自宅に班員を招き、鯛を奮発し小宴を催し血盟を誓った。

九月二十二日、藤原少佐は私服でタイのバンコクに移動し、インド独立運動組織と接触を開始した。そして十二月八日、対米英作戦が発動されると、山下兵団とともに南下した。日本軍はインド独立運動組織の協力で敵の最新軍事情報、材木などの必要資機材、水と食糧を得ていたので、短期間に強力な英軍を撃破し、驚くような早さでマレー半島を南下して、一九四二年二月には、英国が誇る東洋一の巨大軍港シンガポールを占領した。

**【インド国民軍の創設】**――降伏した英国軍の中には数万人のインド兵がいたので、藤原少佐は元英軍のインド人モハンシン大尉を指導者にして、広大な公園で捕虜の大集会を開き、英国からインドを解放するために立ち上がることを呼びかけた。するとたちまち二万人が熱狂的に応募しインド国民軍が結成された。

**【藤原少佐の歴史的演説】**――――「私はマイクに身を寄せた。五万人の大会場が水を打ったように静まり返った。いま印度軍将兵に私の使命の理想を宣言する歴史的行事にあたろうとしているのである。十万の目が私に注がれている。私は血がたぎるような感激を覚えた。

私はまず友愛の心を示すために敬礼した。大聴衆も反射的に答礼した。私は友愛の情が通じたことを意識した。『親愛なる印度兵諸君……』。私のほとばしる言葉が英語、ヒンズー語に訳されると数万の印度兵が次々に頷《うなず》いた。そして東亜新秩序の理想を語り、印度独立を支援する日本の熱意を宣明すると、五万の聴衆は熱狂してきた。そしてシンガポールの崩壊は英帝国とオランダの鉄鎖を断ち切り、その解放を実現する歴史的契機となる、と述べると、満場の聴衆は熱狂状態に入った。拍手と歓声で公園はどよめいた。

そして、そもそも民族の光輝ある自由と独立は、自らの手で戦い取られたものでなければならない。日本軍は諸君の解放と独立の戦争に全面的な支援を与えんとするものである、と宣言するや、五万の全印度兵は総立ちとなり驚喜歓呼した。数万の帽子が空中に舞い上がった。劇的感激が公園を圧した」（『大本営の密使』藤原岩市著　番町書房）

**【インパール作戦】**――――その後、ドイツ亡命中のチャンドラ・ボースが潜水艦でペナンに到着し、インド国民軍の総司令官に就任した。彼の指揮下でインド国民軍はインパール作戦に参加し、一部はインドに達した。インド国民軍の兵士は、感動のあまりインドの大地に口づけをしたという。しかし、最終的には三千人以上の戦死者を出して英米軍に敗北した。

この作戦についてチャンドラ・ボースは、「日本軍はビルマ作戦の成功のあと直ちにインパールのあるアッサム高原の攻略に向かうべきだった。そうすれば全インドは反英運動に立ち上がっただろう」と述べている。しかし一年以上攻撃が遅れたため、英軍は反撃の準備をすることができ、日本軍は敗退したのである。

戦後、インド国民軍は英軍の軍事裁判で反逆罪で極刑を宣告されたが、インド国民の抗議の反英大暴動で英国側が折れて釈放された。インド国民軍は現在のインド国軍の始まりとされ、高い権威を持っている。

**【戦後の収監】**――――藤原少佐は敗戦を内地で迎えた。戦犯処刑を予想して自決の準備を終えたが、十月に英軍司令部から証人として召喚されたので、インド国民軍の盟友を助けるために出頭することにした。米軍機は上海経由でデリーに向かった。ビルマのアラカン山脈上空ではインパールの英霊を思い苦悩した。到着すると、英国インド支配の拠点である有名な赤い要塞に連行された。全インドは反英運動で沸き返っていた。弁護士のデサイ博士は、「勝敗は国家の常、日本は必ず復興する。インドは応援する」と慰めてくれた。弁護側の要求で収容所の待遇はホテル並みとなり、非常に親切にしてもらった。

次いで藤原少佐はシンガポールに護送された。すると英軍に虐待された。訊問の合間に空腹でふらふらになっていた少佐を見て、現地の警察官夫婦がメイジャーフジワラかと確認すると、脅えながらも早く食べなさいと隠れてカレーをご馳走してくれた。

**【英国特務機関長の感慨】**――藤原少佐はその後クアラルンプールに護送され、英国特務機関の取り調べを受けた。英国側は膨大な資料を収集していた。そして英人機関長は、「これほどの無経験の少数の人たちが、これほど巨大な成功を収めたことは理解できない。本当の理由を説明してもらいたい」と迫ってきた。そこで藤原少佐は少し考え、「植民地統治下の現地人は乳飲み子のようなものであった。白人は立派な施設を作ったが現地人のものではなかった。それに対して我々は彼らの切望している自由と独立を、母親が乳を与えるように与えたのだ」というと、機関長は理解し、自分たちはまったく気が付かなかったと述べた。そして急に態度を和らげると、「貴官は再びマレーを訪ねることがあるだろう」と言いタバコ二缶を差し出した。

藤原岩市少佐は戦後、自衛隊に入り要職を歴任した。そして再びインドを訪ねあのモハンシン大尉と感動的な再会を果たすのである。（『F機関』藤原岩市著　原書房）

**【南機関とビルマの解放】**――アジアの解放ではF機関のほか、ビルマでは南機関の鈴木敬司大佐が活躍した。日本軍が育成したビルマ独立義勇軍（ＢＩＡ）の幹部の一人が後のアウンサン将軍で、スーチー女史の父である。鈴木大佐の離任に当たってビルマ義勇軍の贈った感謝状には実に真心がこもっており、いかに日本軍が立派であったかを示している。

**【ビルマ人の感謝】**――ビルマ独立義勇軍が日本軍南機関、鈴木大佐の離任にあたり贈った長文の感謝状から抜粋する。

「西洋人が八千マイルも離れたかの地から渡来し、不法にもビルマ人を陥れてビルマ人を奴隷の地位に追いやった。……それはビルマだけではなくアジア全域に及んだ。……この闇の中にあった時、ただ日本人だけがアジア人の士気と精神を昂揚してくれた。日本はアジアを解放し新しく近代を打ち立てたのである。……ビルマ独立軍兵士は将軍を忘れない。将軍もビルマ独立軍のことを忘れないで欲しい。この告別の辞を美しい緑の小箱にいれてお贈りいたしたい」

誰もがこの言葉を読めば、ビルマ人の鈴木大佐に対する感謝の真心を感じるのではないか。

**【戦場に架ける橋の真実】**――映画『戦場に架ける橋』は有名であるが、内容は荒唐無稽で史実ではない。タイとビルマを結ぶ四一五キロの泰緬鉄道を短期間に設計・施工・建設したのは日本軍鉄道隊の大部隊（一万五千人）であって、捕虜（六万人）は資材運搬など単純作業をしただけである。

鉄道工事では、奥地の現場で白人捕虜労働者に二割近い死亡者が出た。原因はコレラなどの危険な熱帯伝染病の大流行と、モンスーンの大雨で現場が孤立して食糧の補給が途絶したためである。管理側の日本軍も一割が病死している。これは異常な高さであり、飢餓と抗生剤のない時代の伝染病事故であることが分かる。英軍捕虜部隊でもプリムローズ英軍副官が、自軍への感染を恐れて、罹病した英軍兵士を日本軍藤井中尉から借りた銃で射殺した事件が起きている。敵味方が共に、戦争よりもコレラを恐れたぎりぎりの選択であった。コレラは死亡率が非常に高く、現代でも途上国の流行地では千人単位で死亡する怖ろしい伝染病である。映画の捕虜虐待説は施工能率を下げるだけなので、工期を急ぐ以上、不合理な被害妄想にすぎないことが分かる。

**【戦場の橋は木製】**――――鉄製でないのは、破壊されてもすぐに補修できるからである。だから日本の技術が低いわけではない。すでに日本は関門海底トンネルを完成しており、日本軍鉄道隊の幹部は米国に留学経験のある帝大卒の土木建設の専門家であった。

**【収容所の生活】**――――捕虜収容所内には宗派別の教会があり、酒保（売店）ではコーヒーを出していた。捕虜には給与が支給され、非人間的なソ連の収容所とはまったく違っていた。生牛が一千頭も食用に提供されていた。

**【捕虜の驚嘆】**――――戦後に来日したある英軍捕虜は、千古《せんこ》斧鉞《ふえつ》の大密林に定規で作ったように鉄道線路がまっすぐ延びているのを見て、日本人は恐るべき能力のある民族であると驚嘆した、と述べている。

**【機関車の復員】**――――戦後、日本の機関車はタイ側に残された泰緬線で使われていたが、ディーゼル化により廃車になった。そこで現地の協力もあり旧鉄道隊関係者が二輛購入し、開通式に使われたものが現在、靖国神社の遊就館に展示されている。他の一輛は静岡県の大井川鉄道で現役で走っている。

**【日本軍非難の不当】**――――日本軍に抑留されたあるオランダ人は、白人は自分たちが長年アジアの植民地の現地人を虐待してきたことを隠して、日本軍だけを憎むのは不合理だと述べている。白人は人種偏見があり、アジア人に支配されたことが悔しいので、自分のやったことを棚に上げて日本を非難する。

しかし彼らは、「なぜ白人が当時大量にアジアにいたのか」と質問されると答えられないのである。米国の黒人は、白人が原爆を落とし数十万人の大虐殺をしながら、戦争捕虜が死ぬと虐待されたと非難するのは偽善であると嘲笑した。白人捕虜の死は戦争中の疫病事故であったが、英軍は戦後、関係のない無実の日本側関係者まで捕らえ、報復処刑した。

**【インドネシアの穴の嘘】**――――日本軍が軍事施設を建設し、完成後に労務者を口封じに処刑したというのはまったくのデマであり、当の生存者が否定している。賃金もきちんともらっていた。

**【東南アジア人労務者を虐待したのか】**――――虐待などしていない。反日宣伝のデマである。

泰緬鉄道の工事では給料を日額一ドル払っていた。

**【アジアは早晩、独立しただろう説】**――――日本の果たした歴史的役割の偉大さを弱め、否定する意見である。しかし、欧米の長年にわたる邪悪な圧政体制と拡大する武力の差を見れば、現地の独立は不可能であったことが分かる。チベットやウイグルなどは今も中共の植民地支配の下に苦しんでいるのだ。

**【大東亜会議】**――――一九四三年、日本は戦局の悪化する中で、白人の植民地を含むアジアの諸国代表を招待して、大東亜会議を開いた。この会議で日本は、欧米植民地諸国の国際的独立を認めた。これを知った白人旧宗主国は、戦後の植民地再建を狙っていたので、日本に植民地の支配権を侵害されたとして怒った。

しかしアジア諸国はこの会議の宣言により、再植民地化を拒否する精神的な拠り所が明確になったのである。日本は戦争に敗北しても世界史的な変革をアジアに残そうとした。会議に命がけで出席した代表は、日本の東條首相のほかチャンドラ・ボース（英領インド）、バーモウ（英領ビルマ）、汪兆銘（中華民国南京政府）、張景恵（満洲国）、ワンワイタヤコーン（タイ王国）であった。

大東亜会議の首脳達

スカルノ（蘭領東インド）は会議直後に訪日した。これは日本が戦争遂行中なので、インドネシアの即時独立は石油資源の調達が難しくなるため延期されたのである。しかし日本はインドネシア人に民族主義教育と軍事訓練を行い、独立の準備を支援した。（参考『大東亜会議の真実』深田祐介著　ＰＨＰ研究所）

**【戦後の独立戦争】**――一九四五年に日本が撤退すると、白人宗主国が植民地の再建のために来襲した。米国は止めなかった。植民地の民族自決を約束したルーズベルトの大西洋憲章は、やはり白人の嘘であった。しかし現地人は独立の承認を強く要求し、これを認めない宗主国との間で激しい独立戦争が始まった。宗主国はアジアの豊かな植民地を失えば欧州の一小国に落ちぶれてしまうので、残酷に弾圧した。この結果、インドネシアでは八十万の犠牲者を出した。これはまさに戦争犯罪であるが、米国は告発していない。現地人を馬鹿にしていた白人は、現地人の勇敢な戦いぶりをみて驚き、白人の「従順な召使い」を「優れた戦士」に変身させた日本を憎んだのである。

**【独立運動の伝播】**――英国はオランダのために、インド人兵士をインドネシアの独立運動の弾圧に派遣した。しかしインド人兵は任務を嫌がり、陰でオランダの補給トラックを独立軍側に送りつけるなどインドネシア独立戦争を支援した。そして、帰国したらインドも必ず英国から独立することを誓ったという。こうして日本が支援し育てた白人植民地の独立運動は、戦後アジア全域、そしてアフリカにまで広がっていったのである。

**【共産主義の介入】**――――この植民地の欧米宗主国と現地人の対立をみて、ソ連のスターリンは早速現地の共産ゲリラに武器を送り、植民地独立運動を共産主義勢力の拡大に利用し始めた。これを知った米国はアジアの共産化を恐れ、むしろ民族主義による独立を望んだ。そのため、インドネシアではオランダが軍事的には優勢であったが、一九四九年、いやいやインドネシアの独立を承認したのである。しかしその際も、莫大な独立戦争の戦費を犠牲者側のインドネシアに押し付けている。フランスは時代の流れに逆らいインドシナを取り戻そうと大軍を送ったが、結局ベトナム共産軍に敗れ敗退した。その後ベトナムでは、南部支配をめぐって米国と共産側のベトナム戦争が続いたが、結局は北が併合して現在に至っている。

**【白人の評価】**――――戦争中アジアにいたあるフランス人は、戦後の植民地の変容をみて驚き、「第二次大戦では一般に日本人は負けたとされているが、この地域では勝利した」と述べている。また、英国のアジア総司令官のマウントバッテン卿は、戦後アジア全域で始まった独立運動を見て、日本軍の独立運動の育成について「日本軍は忌々《いまいま》しいほどうまくやった」と述べている。英国は戦後の独立運動により、大植民地であるインド、ビルマ、マレーを失ったのである。

**【アジア諸国の評価】**――――『自由と独立への道』（終戦五十周年国民委員会発行）などから抜粋要約する。日本がアジアを欧米の植民地から解放することによりアジアの現地人に大きな被害を与えたというのは、論理的にまったく成立しない白人のデマである。騙されないようにしたい。

**【インドネシア人の評価】**――インドネシアはオランダに三百年も支配されていた。彼らには十二世紀以来「白い人に支配されるが、北から黄色い民族が来て白人を打ち負かす。しかし短期間で帰り、この国は再びインドネシア人の国に戻る」というジョヨボヨ王の伝説があった。このため日本軍の到着はまさに予言の成就となったので、インドネシア人は日本軍を熱狂的に歓迎した。(『南海のあけぼの』総山孝雄著　叢文社)

大統領特別顧問のチョクロプラノロ氏は、「オランダの愚民政策に対して、日本軍はインドネシア語の普及、行政官の育成、軍事力の育成、そして敢闘精神の注入を支援してくれた」と述べている。これにより三年半の日本の軍政でインドネシア人は魔術的といわれる変身を遂げ「猫が虎になった」と白人に評されたのである。

**【インドネシア・パレンバン油田占領】**――「一九四二年二月、われわれ日本軍独立工兵第一中隊がパレンバンに上陸し、車輌を連ねてプラジュ製油所に入ろうとすると突然、大勢のインドネシア人が立ちふさがりました。どうしたことかと下車すると、現地人が土下座してひれ伏し両手を頭上に挙げて涙を流して何事か叫んでおりました。岡田通訳に様子を聞くと『私どもを救ってくれた神様』といって有難うを連発し歓迎してくれていたのでした。全インドネシアでは北の国から白馬に乗った神様がやって来てオランダ人の支配に苦しむ現地人を助けてくれるという伝説が昔から伝承されていました。このためにこのパレンバン地区に日本兵が落下傘で舞い降り一瞬で白人を放逐したので、伝説が成就し現地人は感謝と感激で一杯になったのです。

一週間ほどして現地の有力者が盛装して小川部隊長を訪ねてきましたが、いくら招き入れても中に入ってこない。そこで無理に招き入れて理由を聞くと、オランダ人は畏怖させるために現地人を近寄らせなかったのです。このため部隊長が『われわれは兄弟です』といったので、彼らは驚き感激して涙を流したほどです。そして日本軍が彼らに製油所業務再開のため協力を要請すると、翌日にはもとの従業員が製油所になだれ込むように出勤してきたので、破壊されていた精油所の機能が早期に復旧できたのです。

この地域のインドネシア人は終戦まで日本人に対して協力的でした。終戦で日本の軍人が復員することになると、年頃の娘を持つ現地人が日本兵を自宅に招いて残留を希望しました。それは婿になって欲しいというものでした。〝神の子〟の子孫を持ちたかったのでしょう」（独立工兵第一中隊　戦友会編『戦中戦後の遥かなる想い出の文集』から　今野嘉男著）

この結果、敗戦した祖国の将来の不安からインドネシアに残留した日本兵もいた。

**【マレー人の評価】**——ビン・モハメッド・ナクラ氏は日本の軍政について、「大変感銘を受けました。われわれが学んだのは規律のよさでした。それを見たわれわれも独立の意欲が湧きました。日本が来る前は、白人は神のような存在でした。しかし彼らはアジアの軍隊に負けたのです。こんな思いもあって独立はわれわれ自らの力で要求できるのだと確信するようになったのです」と述べている。

**【タイ人の評価】**――政府顧問のソムアン・サラサス氏は大東亜戦争について、「日本はヨーロッパにより植民地化されていた多くの国に目覚める機会を与えました。東南アジアの国々は日本の戦いと、独立を助けようとした日本の決意により勇気を鼓舞されました。日本の姿勢と勇敢さにより、植民地化されていたアジア諸国は誇りをもち、そのために将来の心構えができたのです」と述べている。

**【インド人の評価】**――東京裁判ではインドを代表してパール博士が、日本の無罪を主張した。これについてチョプラ博士（インド国立歴史調査評議会会長）は、「日本が戦争犯罪を犯したという告発にパール博士は賛成しませんでした。博士はインド政府の立場を十分に代弁したのです。インド政府は過去、現在を問わずパール判決を支持しており、それは今のわれわれインド人にとっても言えることです」

**【アジア・アフリカ会議】**――外務省の加瀬俊一氏は一九四三年の大東亜共同宣言を起草した一人であるが、戦後一九五五年の第一回アジア・アフリカ会議に政府代表として出席した。会議にはネール、スカルノ、エジプトのナセル、周恩来、ガーナのエンクルマなど、新興国の指導者が集まった。

「スカルノをはじめとする第三世界のリーダーたちが、『日本が第二次大戦を戦ってくれたお陰で西洋の殖民地支配から独立することが出来た』と口を揃えて感謝してくれたのが印象的であった」（『あの時「昭和」が変わった』加瀬俊一著　光文社）

**【ベトナム事情】**―――大東亜戦争当時、フランス本国はドイツに占領されて親独ビシー政権が統治していた。このため日本はフランスとは正常な外交関係を維持した。しかし仏領インドシナは不安定で、ハノイは米国の援蒋ルートになっていた。このためフランス政府の了解の下に日本はベトナムに進駐し、援蒋ルートを閉鎖した。南部進駐も仏政府の了解があった。フランス人は日本占領下でも行動は自由であった。敗戦直前にフランス本国の政権が連合軍に変わったので、日本はベトナムを占領した。

戦後、フランスは植民地再建のために、日本軍人を多数みせしめに処刑した。このため一部の日本軍人はホーチミンの共産軍に入り、軍事教練を行って反仏独立運動を支援した。ベトナム人女性と結婚した日本軍人も少なくない。彼らはベトナム独立後、政府の指示で帰国した。

# 報復と犠牲

**【戦犯裁判】**――――戦後、アジア全域で日本軍人が軍事裁判にかけられ、無実、冤罪、人違いで一千人以上が処刑された。この狙いは日本軍の権威を落として現地人との仲を裂き、現地人を威嚇して植民地を再建しようとするものであった。また、感情的な報復もあった。白人兵が一人も告発されなかったように、軍事裁判は不公平で、真正な裁判ではなかった。現在の英国の研究者は、対日軍事裁判が不当な裁判であったことを認めている。

『真相を訴える』松浦義教著（元就出版社）から、豪州軍により処刑された英霊のラバウル死刑囚房に刻まれた遺詠を抜粋紹介する。これは資料持ち帰り厳禁という連合軍側の厳命の下で、松浦大佐が決死の覚悟で持ち帰った極秘資料である。

「昭和二一年六月二七日九時　絞首刑となる。無実なり。罪なし」　陸軍伍長　高井一義

「痩せ蛙絞首の朝にまみえけり」　中尉　坂本忠次郎

「三十七歳を一期とす、国のために殉んぜり、何ぞ死を恐れんや、この犠牲に散ってこそ、なお

日本の基礎をなすのだ」中島少尉
「無念絞首台の露と消ゆ、夜明けの鳥が東して鳴けば私はラバウルの土と消え」　畠山保徳
「御国のためにささげる若桜　ラバウルに散る我が身は」台湾同胞　陸軍林義徳
「天皇陛下万歳　ご奉公は残り命は足らず、一魂残り復興参加」　多田伍長
「天地に吾を頼りの妻や子は今日のおとずれ何と聞くらん」陸軍大尉　阿部一雄
「同胞《はらから》の犠牲《いけにえ》なればすめらぎ《（天皇）》のいやさか《（繁栄）》祈り吾は散り行く」八月十日　坂本忠次郎
「東風《こち》吹かば、桜の国へ　渡り鳥罪《とが》なき我の便り知らせよ」九月二十五日　池内正清　奏任嘱託
「防人《さきもり》にあらねど吾はみ戦《いくさ》に尽くせし心誰か知るらむ」　八月三十一日　佐藤彦重　南洋開拓
「白壁《（処刑房）》の窓に眺むる大空に千切れ白雲　北《（日本の方向）》　に流るる」私としては最善を尽くしてきた心算でおります。何時の日か、裁判の真相が世の人々に知られることを確信しています。どうか皆様の減刑を祈ります。お世話になりました。岸良作軍曹。東大和市出身（自動車修理廠の部品庫の責任者。雇用していたインド人のマラリヤ病死を殺人として告発され死刑）。

**【中山洋臣少佐の見事な最期】**――――中山少佐はナウル島でオーストリア軍捕虜五名を管理していたが、決戦が迫ってきたので、やむなく自軍の内情を知った捕虜を処刑。部下の信望あつく、老軍曹は「誰かが死ななければならないなら自分を」と死刑の身代わりを希望したが、弁護人からこれを聞いた少佐は、「志はありがたいが、そういう部下を犠牲にした人間が内地に帰って何

英霊を祀る靖国神社

「中山の仕事が出来ましょうか」と峻拒。裁判後、豪州のギニヤ・ゴールド紙の報道によれば、「中山は白人のように面長で鼻が高く口元の引き締まった人物である。彼の法廷における態度は実に立派だった。極刑の宣告を受ければ、誰もが顔色蒼白になるのに、彼は自若として何ら変わるところはなかった」

**【犠牲者五人の立派な最期】**――――貨物廠の五人（松島曹長、相沢伍長、林、清原の両台湾奉公団員、池田三郎曹長）に処刑の確認が来た。五人はインド人使役の罪で絞首刑の判決を受けていた。この五人が死刑囚房から処刑房に赴く態度は実に落ち着き払ったもので、言葉には尽くしがたい迫真力を持った士（さむらい）の気迫と姿であった。五人は処刑房に入ると一斉に声をそろえて「君が代」と「海行かば」を力強く斉唱した。台湾の両君が日本人として死に赴かんとする毅然たる姿には見送る人々の胸に何ともいえないものが流れた。

**【天皇陛下万歳の意味】**――――ラバウルの戦犯裁判の弁護人を務めた松浦義教氏（元大佐）は次のように記している。

「多くの日本人が刑死直前に『天皇陛下万歳』を叫んだ。それは死刑囚房の壁に刻まれた数多くの天皇陛下万歳の文字とともに、天皇への最後のお別れであり、祈りであり、そして歴史的日本に回帰する自らの生命の最後の光彩への讃歌でもあった」

したがって、その意味でも軍事裁判で殺された英霊をお迎えする場所は、靖国神社以外にありえないのである。

**【遺族】**――――ラバウルで処刑された池内正清氏（奏任官嘱託　享年四八）の弁護人、松浦氏は帰国後、池内夫人に遺言と、七歳の愛娘の将来を案じながら無罪で処刑された真相を伝えた。

**【田中日淳師】**――――シンガポールのチャンギー収容所でも百五十名以上の処刑が行われた。

田中日淳《にちじゅん》師（のち日蓮宗の貫首）は、南方総軍の大尉であったが、召集前は僧侶だったので教誨師《きょうかいし》として死刑に立ち会い、日本軍人の遺書を極秘裏に持ち帰った。師が衝撃を受けた木村久夫上等兵（京大卒二十九歳）の遺詠を紹介する。木村上等兵はインド洋カニコバル島の英軍スパイ摘発事件で通訳をしたことから上官とともに処刑された。

「音もなく我より去りしものなれど書きて偲びぬ明日と言ふ字を」

「友の逝く読経の声を聞きながらおのが逝く日を指折りて待つ」

「風も凪ぎ雨も止みたり爽やかに朝日を浴びて明日は出でなむ」処刑前夜

（『BC級戦犯60年目の遺書』田中日淳師編　アスコム）

田中師は帰国後、東京池上本門寺照栄院内にチャンギー犠牲者の慰霊碑を建立し、関係者が毎年四月に慰霊祭を行っている。

**【皇后陛下の御歌】**――皇后陛下は平成十年五月、両陛下訪英の際、元英軍捕虜経験者から無礼な抗議を受けられたが、英軍に戦後、無実の日本軍人捕虜が多数虐殺された史実を知っておられたので次の御歌を詠まれた（英国にて元捕虜の激しき抗議を受けし折りかつて虜囚の身となりしわが国人の上もしきりに思われて）。

「語らざる悲しみもてる人あらむ母国は青き梅実る頃」

**【天皇陛下の御製】**――海外抑留者の留守家族の苦労をしのばれて、次の御製を昭和二十三年に詠まれた。

「風さむき霜夜の月を見てぞ思ふかえらぬ人のいかにあるかと」

## ヤルタ会談とポツダム会談

**【ヤルタ会談の目的】**――一九四五年二月、日本とナチスドイツの敗北が見えてくると、米英ソはソ連のクリミヤ半島にあるヤルタで会議を開いた。その目的は戦後世界の設計であったが、主な案件は三つあった。①国連の創設、②米国による欧州のソ連占領地の承認、③まだ始まっていないソ連の対日戦（満洲、樺太、千島、朝鮮）と、米国の満洲支配の仕掛けづくり。日本にとって重要なのは最後の問題である。これが原爆投下の伏線にもなっている。

**【米ソのアジア戦略の経緯】**――支那満洲を狙って対日戦争を始めたルーズベルトは、甘く見ていた日本軍の強さに驚き、損害を減らすためソ連に対日戦への参戦を要請した。それに対してスターリンは、日ソ中立条約を締結しているにもかかわらず、一九四三年十一月にモスクワを訪れていたハル国務長官に独ソ戦勝利後の対日攻撃を約束した。ルーズベルトは大喜びし、独ソ戦を早く終わらせるために莫大な軍事援助を行い、スターリンは最終的に総計百十五億ドルに上る、トラック四十万輌、ジープ六万台、航空機一万五千機、戦車七千輌、そのほか四百万トンという天文学的な援助を手に入れることに成功した。

**【ソ連の対米謀略】**――しかしこの会議の時期にはソ連の対独勝利は確実であった。そこでスターリンは、戦後の極東に勢力を拡大するため、ルーズベルトの満洲進出欲を利用して「代理占領」を請け負うのである。

**【米国の対ソ油断】**――一方、手を汚さずに満洲を占領しようと焦るルーズベルトは、ソ連が満洲を占領するとどうなるかはまでは考えが及ばなかったようである。米国は単純に戦後、ソ連が約束どおり蒋介石に満洲を引き渡すと思い込んでいた。しかし、ソ連の民族性は帝政ロシア時代から、一度占領した土地からは梃子《てこ》でも動かないことでよく知られている。欧州を占領したソ連軍も占領地を絶対に手放さなかった。

**【満洲支配の仕掛けづくり】**――――ルーズベルトは地上戦を恐れていたのでソ連に代理占領させ、その後で蔣介石に返還させ、それを米国が蔣介石を傀儡に支配するという虫のよい二段階の計画を考えた。スターリンはルーズベルトの狙いと弱みを見抜き、逆に騙すために、満洲占領後の蔣介石支持を何度も堅く約束した上で、高い代償を要求した。これに対してルーズベルトは、スターリンの約束が空手形になるとは知らずに要求どおり、ソ連軍七十個師団、百六十万人分の八十万トンに上る膨大な武器弾薬や、米国は腹の痛まない日本と支那の領土と権益などを、日本や蔣介石の了解もなく先渡ししたのである。

**【歴史的な意義】**――――しかしスターリンは満洲を占領するとルーズベルトとの約束を反故《ほご》にして、満洲を蔣介石ではなく毛沢東に渡してしまうのである。ルーズベルトはヤルタ会談からの帰途、騙されるとも気づかず侍医に「安い買い物をした」と語ったというが、米国は結局スターリンに膨大な先払いした挙げ句に違約され、満洲を盗まれ、さらに支那本土からも蹴り出され、百十五億ドルに上る膨大な対ソ軍事援助も戦後踏み倒されることになる。「泣き面に蜂」である。そして米国の十九世紀以来の西進植民地主義は完全に失敗に終わり、戦後は反共路線に転換していくのである。ただルーズベルトは運良くというべきか、会談の二ヶ月後この裏切りを見る前に脳溢血で急死するのである。

ヤルタ会談
（前列左からチャーチル、ルーズベルト、スターリン）

**【ソ連の勝利】**――――ヤルタ会談は、スターリンの完全な勝利とされている。欧州ではソ連占領地域をヒトラーとの秘密協定で手に入れたものも含めてすべて米国に承認させたことと、アジアでは満洲の代理占領を望むルーズベルトから代償を先取りした上で違約し最後に米国を支那満洲から追い出したという事実からである。またこれに加えて、スターリンがソ連の犯罪行為の共犯および承認者として米国を引き込んだことが大きい。

事実ソ連は、日本固有の領土である千島の占領の根拠をルーズベルトの承認としている。このため米国は後年、ヤルタ協定をルーズベルトの個人協定として否定したが、後の祭りであった。ヤルタ会談は、それまでルーズベルトに対して受動的であったスターリンが、完全に戦争の主導権をとったことが注目される。

**【米ソの力関係の変化】**――――この裏には米ソの力関係の転換があった。ドイツが滅びるとソ連は米国に依存する必要がなくなるので相対的な力関係は強くなり、それまで米国の援助した天文学的な武器や軍事技術はそのまま反米の凶器になったのである。このため、米国のソ連に対する戦略的な影響力は低下した。また、戦争は地上戦で決着が決まるが、スターリンはルーズベルトが犠牲の多い地上戦を恐れていることを知った。米国にとっての第二次大戦は海外への干渉戦争であり、自国を守る自衛戦争ではなかったからである。アイゼンハワー将軍も被害を恐れてベルリン占領をためらったため、ソ連に奪われてしまった。このため米軍は、いくら原爆を含む巨大な空爆力があっても戦争の最終的な決着はつけられず、ソ連は米国に対して軍事的にも優位に立つことになった。ソ連軍と接触する米軍人は、ソ連軍人が以前ほど米国に感謝を示さず態度が大きくなったことを敏感に感じ取っている。

**【スターリンの複眼対応能力】**——スターリンはロシア革命の内戦や、その後の党内闘争の体験で複数の敵の〝同時処理〟を経験していた。このため、第二次大戦でも敵である米英を操り、敵のドイツと戦わせることができた。これに対してルーズベルトとチャーチルは、二元論的に単一の敵（ドイツ）しか認識できなかった。単眼と複眼の差であり、スターリンはこの点でも優れた戦略家であったといえよう。

**【国際犯罪の片棒に】**——戦前、フーバー前大統領が恐れていたように、ルーズベルトは自ら敵を助けて強化しただけでなく、ソ連の国際犯罪の共犯にされるというまったく間抜けな大失敗を犯してしまったのである。

**【蒋介石の傀儡性の証明】**——ルーズベルトはスターリンの対日参戦の代償の一つとして、

蔣介石の許可なく清朝時代の帝政ロシア利権の復活を認めた。これはルーズベルトが蔣介石政権を独立国家の政府としては見ておらず、蔣介石が米国の操り人形に過ぎなかったことを示している。支那事変の反日宣伝では、蔣介石を聖者のように持ち上げていたが、その本音と欺瞞性が証明されたのである。

**【狡猾なスターリン】**――米英ソの三首脳は会談の結果を覚書に作ったが、その際スターリンは最後に署名することを主張した。自分が後にこの会談を仕切ったように誤解されたくないからという理由だった。しかしスターリンの本音は、この協定の持つ犯罪性を熟知していたので、後年の国際紛争を予測して責任を米国に負わせる意図であったためと思われる。

**【ソ連のスパイ工作】**――ヤルタ会談でルーズベルトに随行した側近のアルジャー・ヒスは、ソ連のスパイであった。米国リベラル界の星とされ立派な風采、高学歴など非の打ち所のない人物であったが、理想主義型の共産主義者であり、戦後逮捕され処罰された。現在、解読されたソ連スパイ通信傍受記録からも犯行が確認されている。したがってヤルタ会談では米側の情報は、ルーズベルトの体力と頭脳の衰えを含めて逐一スターリンに報告されていたと思われる。これではルーズベルトが交渉をリードすることなど到底できるわけはなかったのである。ちなみにソ連は、ヤルタ会談のルーズベルトは元気一杯でまったく衰弱など認められなかったと主張している。当然である。

**【ルーズベルトの衰弱ぶり】**――――ヤルタ会談翌月の三月に大統領と会った米軍のウェデマイヤー将軍は、ルーズベルトの衰弱ぶりに驚く。二月のヤルタ会談でもルーズベルトには放心の様子が見られたという。脳機能はすでに衰弱が始まっていたのであろう。

「一九四五年三月、私（米軍ウェデマイヤー将軍）がワシントンに到着すると大統領や高官との会見が組まれていた。私はルーズベルトの部屋で二人きりで昼食をとった。私は、数ヶ月間会っていないうちに彼の顔つきがたいそう変わっているのを見て驚いた。彼の顔は灰色に変わっており、顔面は引きつり顎は垂れ下がっていた。ルーズベルトはボーッとしているように感じられたので、私は彼に話を理解させるのに困難を感じた。彼はボンヤリしていて私の話したことをすぐ忘れてしまうように感じたので、同じことを数回繰り返して話した。（会見後）スチムソン長官がルーズベルト大統領との会見についてどんな印象を受けたか聞かせてくれと無理強いした。そこでやむなく、大統領は私と会見している間、いつもボンヤリと魂をどこか遠い国に置き忘れているようで、神経質に皿の上の料理をつきさしては、急に彼の話が大きく脱線して行くのに私はびっくりさせられたとスチムソンに語った。するとスチムソンは大統領の健康については誰にも話さないようにと私に注意した」（抜粋要約『第二次大戦に勝者なし　ウェデマイヤー回想録』講談社学術文庫）

**【ヤルタ協定の疑問点】**――――ルーズベルトはヤルタから帰国すると、会談の協定書をホワイトハウスの金庫にしまい込んで、国務省（外務省）にも見せなかった。このため国務省は、ソ連国営通信の報道で初めて密約の存在を知ったという。当時の米国では外交は大統領の専管分野となっていたのであるが、ルーズベルトはさすがに失敗を自覚していたのであろう。米国の権力の及ばない第三国の国際協定の有効性を勝手に変え、長い伝統のある諸外国の領土や権益を当事国の許可もなく勝手にソ連に渡すことが果たして有効なのか、誰もが疑問に思うだろう。ルーズベルトの脳はすでに病んでいた。

**【ルーズベルトの最期】**――――ヤルタ会談の二ヵ月後、ルーズベルトは脳溢血で急死した。ルーズベルトの従姉妹《いとこ》のマーガレット・サッカレーの日記によると、

「一九四五年四月十二日、ルーズベルトは南部のウォームスプリングの私邸に、かつての愛人ルーシー・ラザフォードを呼び寄せ静養していた。ルーシーの友人の女流画家が彼の肖像画を描いていた。午後一時十五分、絵のポーズをとりながらも書類に目を通していたルーズベルトは、ルーシーと目が合い幸せそうに微笑みを浮かべた。その瞬間、微笑みは苦痛にゆがみ、大統領は頭を抱えて前のめりに倒れこんだ。従姉妹のマーガレットは『頭の後ろが割れるように痛い』とかすれ声で訴えるのを聞いた。意識ある言語はこれが最後だった。

午後三時三十五分、ルーズベルトは現職大統領のまま息を引き取った。六十三歳であった。米国のハリマン大使が報告にクレムリンのスターリンを訪ねると、スターリンが自ら出迎えに出て

きたので驚く。スターリンは悲嘆にくれた表情でハリマンの手を三十秒以上握り締めた。しかしお悔やみの言葉も早々に、『新大統領の下でも米国の政策は変わらないと私は信じている』と念を押すように何度も繰り返した。米国の政策とは二月のヤルタ合意のことであった」（抜粋要約『ルーズベルト秘録』扶桑社文庫）

**【米国の失敗】**――――戦後の事実から見ると、第二次大戦における米国の失敗は明らかである。それはルーズベルトに先の見通しがなかったからである。米国のウェデマイヤー将軍は次のように記している。

「連合軍は第二次大戦に勝利を収めた。しかし英米の指導者は何のために戦っているのか、その目的を知らず、またそれを知ろうともしなかったので、ドイツと日本を軍事的に撃破することによって新しくさらに危険な敵を育て上げる結果となってしまった。共産主義独裁に対する冷戦の現実をもたらした原因となったものは、アメリカが正しい戦略の具体的で実現可能な目的を持たなかったことである。第二次大戦の終結に当たりルーズベルト大統領が持っていた計画は、三大国による懲罰的な戦後処理を強行しようとしただけであり、現実的で人道的な平和条約の諸条件を提案するかわりに、無条件降伏を主張することによって米国自らが欧州とアジアでスターリンの勢力を増大させたのである」（抜粋要約『第二次大戦に勝者なし　ウェデマイヤー回想録』講談社学術文庫）

**【G・ケナンの分析】**——米国国務省の外交官でソ連問題専門家のG・ケナンの意見をまとめると、第二次大戦における米国の失敗は次のようになる。

①スターリンの戦術は一度手に入れた領土は決して手放さない主義であった。だから米国はソ連支援の前に、条件として戦後ソ連の国境を越えない約束をさせておくべきであった。しかし、ルーズベルトとチャーチルはソ連が戦後は自国国境まで撤退すると誤解し、無条件で大々的に援助してしまった。

②また、ルーズベルトはスターリンを、気難しいところがあるが普通の人と変わらないと誤解していた。だからやさしく扱えば西側と協調すると考えた。自分がスターリンを魅了できるとまで思っていたようである。まったく幼稚であった。

③西側は敵に対して無条件降伏をかたくなに求めたので、戦争は勝敗の問題ではなく生死の問題となり、日独の徹底抗戦を引き起こした。このため政策の選択肢を減らすことになり、最後には困ってソ連に頼むことになった。その結果、ソ連に欧亜の大版図を奪われ漁夫の利をかすめとられたのである。

④中国については、米国は支那人を勘違いして善良な子供のような民族と誤解し「教師や保護者」として振る舞ってきた。また、米国人は支那人を理想化するという誤った習慣があった。実際の支那人の狡猾さや残忍さは隠蔽された。このため戦後、国民党と共産党の和解に努めるよう

な過ちを犯したのである。米国は支那人が米国人に常に好意的であり、戦後は米国に協力すると信じこんでいたのである。（抜粋要約『レーニン、スターリンと西方世界』未来社）

**【ルーズベルトの日本解体構想】**——G・ケナンの回顧録によれば、ルーズベルトがヤルタ協定で日本固有の領土をソ連に与えたことについて、ルーズベルトは本気で日本を解体するつもりでいたのではないかと述べている。米国務省極東部長のホーンベックも戦後の日本の処理について、親日派のフィアリーやウィリアムが日本の再建を考えたのに対して、純理論的には日本国家を消滅させることも我々には十分可能なのであると述べている。そうだとすればルーズベルトの急死は日本にとり実に幸運だった。日本軍の必死の抵抗は無駄ではなかったのである。

**【米国のヤルタ協定の否定と陳謝】**——米国民は、その後の欧州アジアにおけるソ連の強硬な進出ぶりと米国政府の失敗をみて民主党政権の失政にようやく気づき、一九五三年、二十年ぶりに民主党から共和党に大統領を交代させた。すると共和党のアイゼンハワー大統領は、ヤルタ協定をルーズベルトの「個人協定」として、その効力を否認した。その後今世紀に入り二〇〇五年には、共和党のブッシュ大統領はバルト三国で演説し、ヤルタ協定で犠牲となった諸国に陳謝した。これにはソ連に数十万の同胞を殺され奴隷化され、固有の領土を奪われた日本も入るのである。ソ連とその後身のロシアは、ルーズベルトの同意を唯一の理由に日本の固有の領土を占領したまま今日に到っている。

**【スターリンの中華民国警戒】**――スターリンはヤルタ会談後、蒋経国との会談で、将来、中華民国が強くなればソ連の脅威になると語っており、緩衝地帯として外モンゴルの譲渡を蒋介石に承認させている。

**【スターリンの毛沢東不信】**――スターリンはソ連東部に、支那の強力な統一政権ができることを望んでいなかったので、中共の完全統一を望んでいなかった。むしろ、戦前に引き続き蒋介石を利用できればよいと思っていたようである。ヤルタ関係の会談で蒋経国には、米軍を絶対に満洲に入れるなと述べている。毛沢東は一九四九年、政権を取った後に支援を求めてモスクワを訪問したが、このとき軟禁状態に置かれ、恐怖でパニックになっている。というのは、スターリンはそれまでも敵になりそうな共産党指導者を呼び寄せては、処刑していたからである。毛沢東はスターリン存命中は二度とソ連に出かけることはなかった。

**【ポツダム会談】**――一九四五年七月、米英ソはポツダムで会議を開き、欧州の新しい国境やドイツからとりたてる賠償を協議した。ヤルタ会談の三首脳のうち残っていたのはスターリンだけだった。ルーズベルトは四月に死亡してトルーマンが大統領になり、チャーチルは会談期間中の選挙で敗北して、アトリーに首相を譲っていたからである。このためスターリンは無視できない優位に立つことになった。チャーチルは、「後から記録を読む者と体験した者では比較にならない」と記している。（『ポツダム会談』チャールズ・ミー著　徳間書店）

**【原爆開発成功】**――日本にとって重要なのは原爆である。会談の席で米国のトルーマンは円形テーブルを廻って、小声でスターリンに話しかけた。「我々は異常な爆発力を持つ爆弾を持っています」。するとスターリンは、「それは結構です。それを日本に有効に使われることを希望します」とだけ素っ気なく述べた。トルーマンはスターリンが話の意味を分かっていないのだと誤解した。しかしその裏でスターリンは、ソ連スパイからいち早く原爆成功の報告を受けていたものと思われる。というのは、彼はすでにベリヤに命じて原爆開発を最優先課題として急がせており、ロスアラモス国立研究所にはソ連スパイのクラウス・フックスが最上級の技術者として入り込んでいたからである。

**【消せない米国の原罪】**――米国はすでに暗号解読で日本の降伏の意向を知っていた。一方、ソ連にヤルタ密約を実行させるには、原爆の威嚇が有効と考えたのだろう。そこで原爆開発成功まで、日本の国体護持を明らかにせず、日本のポツダム宣言の受諾を意図的に遅らせ、それを名目に原爆を投下したという説がある。そうだとすればこの判断は、トルーマン大統領とバーンズ国務長官の歴史を知らない浅智恵であった。これにより米国は、消すことのできない大量虐殺の原罪を背負ってしまったからである。軽々しく原爆を語るバーンズは、ポケットに原爆を入れた男といわれ忌避されたという。

**【ソ連の満洲利権のその後】**――スターリンは一九四九年、中共が成立すると、ヤルタ協定で得た満洲の鉄道や旅順の港湾の利権を毛沢東に返還した（実際には数年後）。さらにスターリンの死後、フルシチョフは原子炉を供与した。毛沢東はこのため原爆を開発することができた。しかし一九六九年、満洲で中ソ国境大戦争が起きると、ソ連軍幹部はこれらの油断を後悔したという。インドの元参謀長によると、ソ連はこのとき核攻撃を計画したが、中共の保有する数基の核ミサイルの報復の危険性から実行を控えたという。

## 日ソ戦争

**【スターリンの陰謀】**――スターリンは日本が敗戦寸前になると、日本との中立条約を違約して日本の領土や満洲を襲い、火事場泥棒のように領土や資産を盗んだだけでなく、多くの日本人を殺し奴隷化した。この犯罪行為は表面的にはヤルタ協定の米国の依頼によるが、スターリンはもともと満洲の支配に関心があったので、米国を騙して満洲を手に入れると最後に違約して共産化してしまったのである。

**【日ソ中立条約の締結】**――日本はすでに張鼓峰事件、ノモンハン事件でソ連の攻撃を受けソ連を警戒していたが、支那事変中であることと米国の強い圧迫を受けていたので、ソ連を敵にすることはできない状況にあった。そこで一九四一年四月、松岡洋石外相は、米国の対日圧力が強まる中で日本の対米交渉力を強化するために、スターリンと日ソ中立条約を結んだ。

一方スターリンは、スパイの報告でドイツの攻撃が近いことを知っていたので、東部国境が安全になる日本の不可侵条約提案は願ってもないことだった。このためスターリンは松岡外相を大歓迎し、異例にもモスクワ駅まで見送りに来たことはよく知られている。当時スターリンは神秘化された謎の指導者を演出していたので、この異例の大歓迎は世界の大きな話題になった。

**【スターリンの見送り】**——— 一九四一年四月、モスクワで松岡外相と随員加瀬俊一はクレムリン宮殿でのスターリンとの会談を終えて帰国の準備をする。

「松岡外相はスターリンさんの目は柔和で良いという。私は三百万人を処刑したという大粛清の時、スターリンの目は柔和だったのかと密かに疑った。私の手記には、（クレムリンの会談で）スターリンの目は象を思い出させる。茶色である。笑うと目じりにしわがより柔和な顔になるからだろうか、と書いてある。スターリンの瞳には独特の人懐っこさがある。スターリンは五尺六寸、並んでみたら私と余り違わなかった。握手をする。骨太く硬い。この日のスターリンはアジア人になりきっていた。『私はアジア人だ』と何度も言った。『日ソが協力すれば世界無敵だ』とも言った。……（松岡外相がモスクワ駅頭で外交団と挨拶を交わしていると、突然スターリンが現れる）外交団も記者団も目を疑った。こんなことはまったく絶無だったからだ。スターリンは松岡を抱擁した。私もナイスボーイと言われた」（抜粋要約『戦争と外交』上巻　加瀬俊一著　読売新聞社）

しかしこれはスターリン一流の演出であり、芝居だった。この時スターリンはパブロフを米国に派遣し、ハル・ノートの原案を伝えさせていたのである。

**【ソ連の侵攻】**――――この四年後の一九四五年八月九日、ソ連は日ソ中立条約を侵犯し、ドイツから呼び戻した百六十万の大軍を東部国境に送り込み、満洲、樺太、千島に襲い掛かった。ソ連は米国に北海道の北半分の占領も要求したが、ソ連の動きにようやく危険を感じた米国は拒否した。

**【日本軍の抵抗】**――――ソ連の侵略軍は、主力を南方に転出させていた日本の関東軍を破ったが、それでも関東軍はソ連軍を撃破し国民を守っている。一九四五年八月一六日から一八日にかけて、日本陸軍歩兵部隊二千五百名は北京の北方張家口《ちょうかこう》の北で、侵入してくるソ連軍一万人以上を迎え討った。日本軍は戦死者七十余名を出したが五百人以上のソ連兵を倒し、ソ連機甲部隊を撃破して敵の攻撃続行を不可能にした。この日本軍は民間人四万人を無事帰国させた後、無事に帰国している。精強部隊が南方に引き抜かれた末期の日本帝国陸軍にしてなお、強大なソ連赤軍を相手にこれほどの戦いができる実力を有していたのである。（抜粋要約『「坂の上の雲」に隠さ

れた歴史の真実』福井雄三著　主婦の友社）

**【日本の被害】**――――日ソ中立条約を信用していた日本は、大きな被害を受けた。満洲では、二十四万以上の幼児や婦女子を含む一般市民が死亡した。とくに日本人開拓農民は、奥地でソ連軍と現地の支那人に襲われて殺されたり、自決するなど大きな被害を出した。葛根廟《かっこんびょう》事件ではソ連兵に、千二百名の子供を含む老若男女が虐殺された。そして六十万人以上の日本青年がソ連に連行され、実質奴隷として十年以上も酷使され、その虐待で餓死、処刑、毒殺を含め六万人以上が殺された。満洲に日本が建設した高価な重工業設備はすべてソ連に解体され盗み出された。一九五三年のスターリンの死後には生存抑留者の帰還が進んだが、ソ連のこの国家犯罪の被害の天文学的な賠償はまだ行われていない。

**【路傍の日本人避難民老婆の死】**――――「（終戦後ソ連に逮捕された我々日本軍人は）ソ連兵に監視されながら行進していた。途中で逃げてきた日本人避難民の女子供に会うことがあった。（略奪され）ぼろぼろの麻袋を腰に巻いただけの髪ボウボウの女性から、兵隊さん何か下さいといわれたが残忍なソ連兵が追い払った。自分たちも皆奪われており何もしてあげられなかった。道端の石の上に杖を持った老女が座っていた。麻袋のようなものを巻いているだけでしなびた小さな乳が垂れていたがすでに息絶えていた。奥地の開拓団から逃げてここまで来たのだろうが力尽きたのか、行進しながらもいつまでも忘れられない光景であった」（抜粋『大陸に春は来るか』

後藤孝敏著〈抑留十年体験者〉市井社）

**【黒い集団】**――――「私の父は奉天で材木商をしていたが、敗戦後食堂を始めた。ある日、通りの向こうに黒い集団が見えた。近づいてくるとそれは奥地から逃げてきた日本人避難民だった。父は早速、炊き出しを始めた。すると真っ黒な避難民たちは首に食器代わりの空缶をぶら下げきちんと並んだ。やがて炊き出しは尽きた。父が申し訳なさそうに終わりを告げると、食べられなかった避難民たちは黙って頭を下げ戻り去って行った。日本人だな、と子供心にも思った」（満洲戦争画家、面高春海氏の回想）

**【餓死させられる日本人】**――――日本人捕虜は最初の冬、重労働と食糧不足でつぎつぎに餓死させられ、犠牲者の数は六万人以上に達した。日露戦争でロシアの捕虜を厚遇した日本との大きな違いである。

「身体検査の立ち会いの連隊長、山田正吉大佐は兵隊一人一人の肌をさすった。すべては自分に責任があるという表情だった。もともと頑固でまじめな連隊長は人が変わったようになり頭髪も著しく白くなった。自分の身はどうなっても良い。ここにいる兵隊たちの一人でも多くに内地の土を踏ませてやりたい。自分の仕事はもうこれしかないと言い続けてきた。……大八車に乗せられた幾体かの遺骸が凍り付いて木の切株のように積み上げられ、死者同様の栄養失調の戦友に雪の中を曳かれて行った」（『ラーゲルの軍医』山川速水著　北風書房）

**【抑留者虐待】**――――「抑留者の私（満洲国文教部次長）はハバロフスクの収容所で満洲国外交部次長の下村信貞氏を見舞った。満洲時代の彼はノモンハン事件の調停を担当し、長身色白で顔には叡智と精悍な気迫が満ちていた。しかしベッドの上には頭を刈られ骸骨のようにやせ細った男がうつろな目を開いているだけだった。『私が分かるか』と言うと、彼は黙って見つめていたがうなずき、笑おうとしたようだが号泣に変わった。しかし脳溢血で言語も自由にならないのだ（その後、死去）。他にも満洲国の日本人官僚たちが懲役二十五年の刑を受け重労働を課せられていた」（抜粋『ソ連獄窓十一年』前野茂著　講談社学術文庫）

ユダヤ人救出で有名な安江仙弘大佐も大連の捕虜収容所で虐待され死亡している。

**【ヤルタ会談の秘密協定が原因】**――――日ソ戦争はソ連がいきなり日ソ中立条約を侵犯して侵略してきたと思っている人が多い。しかし実際は、地上戦を恐れるルーズベルトが、ヤルタ会談の秘密協定でスターリンに莫大な代償を与えて代理占領を依頼したものである。ソ連にとり国際協定の侵犯は常習行為であった。

**【追い返された米軍】**――――スターリンは満洲を占領して日本の領土や支那の権益などをすべて手に入れると、米国との対立覚悟で満洲を共産化してしまった。満洲に国民党軍を送り込もうとした米軍のバーベー将軍は、営口港（遼東半島の付け根）でソ連軍の銃撃威嚇を受けて追い返されてしまった。

**【ソ連の対米協調の終わり】**――――スターリンはもともと独ソ戦のために米国を利用した。そして予定どおり、ドイツと東部国境の敵である日本を滅ぼし、米国からは莫大な軍事借款や原爆を含む高度な軍事航空技術まで手に入れることに成功した。しかし戦争でソ連社会の統制が緩んだので、再び恐怖支配を再開するためにはこれ以上の米国との交流関係は危険と見て、米国利用路線を切り捨てたのである。一方の米国政府は、スターリンが戦後も対米協調路線を続けると思い込んでいた。このためKGBの高官は内部会議で、米国のまごつく様を見て嘲笑したという。

**【ソ連の勝利と米国の敗北】**――――スターリンは、米国の容共政策（共産主義を許容する）とアジア政策の混乱を利用して、満洲から再開した国共内戦により毛沢東を使って支那全土を共産化し、一九五〇年には邪魔な米国を支那から追い出すことに成功した。米国の長年にわたる支那政策の目論見は「捕らぬ狸の皮算用」に終わり、「トンビに油揚げをさらわれた」のである。まことに鮮やかなスターリンの政治手腕であった。

**【原爆の威力の限界】**――――トルーマンは原爆投下でソ連を威嚇できると思ったが、スターリンには効果がなかった。その理由として、スターリンはトルーマンには満洲で地上戦を行う意志がないことを、米国政府内のスパイから報告を受けて知っていた。それに十万人を殺す原爆の威力も、すでに国内で数百万人を殺していたスターリンにとっては、自分や家族に危険が及ばない限り脅威ではなかったのである。スターリンが人命について西側と同じ価値観をもっていると考えたところに米国の大きな過ちがあった。

**【支那が失われた】**――――中共が支那を統一すると、米国の政府と国民は「支那が失われた」と大騒ぎになった。日本を滅ぼせば支那・満洲は米国の勢力圏に入ると単純に思い込んでいたのである。このため米国人は大きなショックを受けた。十九世紀以来の宣教師を使った支那工作や、支那事変を含む対日戦争の莫大な戦費や、多数の戦死者がすべて無駄になったからである。マッカーサーは、「支那の共産化と喪失は、米国太平洋政策百年の最大の失敗であった」と総括している。対日戦の目的は日本の占領ではなかったのである。

**【ソ連抑留問題】**――――終戦時のソ連の満洲侵略で六十万人の日本人男子が捕らえられ、ソ連各地で強制収容所に入れられ、残酷な奴隷労働を課せられた。そのうち一割の六万人以上がソ連の処刑や虐待（重労働、飢餓、疫病）で殺された。その後、抑留者は次第に解放され帰国したが、サンフランシスコ対日講和条約にはソ連は参加しなかったので、依然として多くの日本人抑留者が残されていた。一九五三年、スターリンの死でソ連の方針が変わり、一九五六年、フルシチョフ時代になると、日本との間に日ソ共同宣言と通商協定が締結され、最後の抑留者が帰国した。ただしソ連は、近衛文隆氏（近衛文麿の長男）のような秘密を知られた日本人は謀殺するなどして帰国させなかった。

**【史実報道の隠蔽】**――――戦後、左翼マスコミはソ連の犯罪による未曾有の日本民族の苦難を隠蔽した。これは、国内の日本人に対してソ連の危険性に気づかせずに、再軍備させないためであった。このため満洲の日本民族の悲劇は、ソ連が崩壊して中共から満洲で生き残った孤児が帰国するまで一般の日本国民には知られていなかったのである。

**【抑留者の気概】**――ソ連は大量の日本人抑留者を人質に、ヤルタ協定でルーズベルトと合意した違法な日本領土割譲を日本政府に認めさせようとしていた。しかし当時、日本人収容所の一つを左翼の代議士たちが訪問したところ、生き残っていた日本軍人たちは代議士たちに対し、「自分たちのためにソ連に対する日本の政策が歪められてはならない」と、死を賭して訴えたのである。愛国心のある実に偉い人たちであった。ソ連から金をもらってスターリンの手先となっていた当時の左翼の政治屋たちは内心、忸怩《じくじ》たるものがあったと思われる。

**【スパイの強要】**――ソ連は日本人抑留者に、帰国後はソ連のスパイになることを要求した。拒否する者は帰国を許さなかった。ソ連が利用しようとしたのは名門の子弟、有力者など社会的に影響力を持つ人々の関係者で、彼らは帰国後は単独で置かれ、日本共産党とは関係を持たせなかった。ソ連は、帰国後五年から二十年してから使う予定であったという。この恐るべき謀略の事実は、スターリンの死後（一九五四年）日本から米国へ亡命したソ連ＫＧＢのラストロボフが米国で証言したため大騒ぎになった。日本ではソ連スパイ容疑の外務省事務官が警察の三階から投身自殺している。

**【日本共産党徳田の言動】**――――日本共産党の徳田球一《きゅういち》は、ソ連の日本人抑留者虐待を知りながらソ連に対して、帰国後ソ連の手先になる者だけを帰国させよと要請したといわれ、これが大問題になった。恐るべき裏切りであった。

**【ソ連から金をもらっていた左翼】**――――ソ連が崩壊すると極秘資料が米国ＣＩＡから公開された。産経新聞によれば、日本左翼は、あれほど多くの同胞を殺したソ連から莫大な工作資金を毎年受け取っていた。

**【水原問題】**――――後に巨人軍の名監督となった水原茂は抑留から帰国すると、ソ連の収容所でソ連の手下に成り下がった共産主義者が、日本人抑留者の洗脳や凍死処刑を大々的に行っていることを証言し大問題になった。ソ連や左翼はやっきになって否定したが、すべて事実であった。

**【ハバロフスク事件】**――――一九五五年（スターリン死後）ソ連のハバロフスクにある収容所で日本人抑留者のストライキが発生した。抑留者は捕らえられてからすでに十年が経過し、平均年齢は四十二歳になっていた。強制収容所では病弱者までが零下三十度の屋外作業を強制されていた。ソ連ＫＧＢの高官が、捕虜虐待の秘密を知られたので日本人捕虜を生かして帰さないと発言していることも伝わってきた。そこで、このままでは全員殺されると知った日本人たちは腹をくくって団結し、元関東軍石田少佐を代表者に抗議の作業拒否に入った。ソ連側は石田少佐を逮捕し食料を減らして脅したが、抑留者は決死のハンガーストライキで対抗した。百余日の闘争の結果、国際情勢の好転もあり抑留条件は改善された。

**【日本人捕虜の決意と外国人捕虜の評価】**――――「ハバロフスク事件は、抑留者の各個人が日本人集団というものの意義を悟り、国際情勢を認識してその上での冷静な行動が、言わず語らずのうちにお互いの決意をしっかりと固めさせたのである。……この事件によって日本人は覚醒した。劣等感を抱いていたり自暴自棄になっていた人たちが本来の日本人に立ち返ったのである」「事件前、他の異民族の捕虜たち（支那人、朝鮮人、蒙古人、白系ロシア人、ポーランド人、ウズベク人）は、日本人をお人好しで勤勉だが権力に弱い民族と見ていた。それが一糸乱れぬ行動をしたのを見て、彼らは収容所を出るとき感動的な挨拶をして行った」「われわれは日本人を本当に理解していなかった。なんと日本民族というのは意気地のない奴らであるかと思っていた。しかるに敵地にあって銃剣に囲まれた中にあっても、毅然として目的を達成する力強さを見て、これでこそ東洋の指導者として恥じぬ日本人の姿であることを知った」（抜粋要約　小日向和夫氏談『日本しんぶん』今立鉄雄編著　鏡浦書房）

**【スターリンの老化】**――――第二次大戦で大勝利を収めたさしものスターリンにも、老いが迫ってきた。彼は暗殺の専門家だったので、医師を嫌って身辺に寄せ付けなかった。フルシチョフによると、記憶力抜群だったスターリンが側近の幹部の名前を思い出せないことが起き始めた。まったくあり得ないことだった。そんな時、スターリンはひどく狼狽した様子だったという。

**【スターリン倒れる】**――護衛副司令ロズガチョフの話。

「一九五三年三月一日、午前十一時になったが主人（スターリン）の動きがない（部屋の各椅子にはセンサーが埋め込まれていたようだ）。午後四時になってもない。部下に見に行けというと怖いと言って嫌がる。どんな場合でも私室に入ることは厳禁されていた。そこでやむを得ず中央委員会の報告書が到着したのを利用して郵便室へ届けに向かった。すると小食堂のドアが開いており主人の倒れている姿が見えた。私は硬直した。スターリンは失禁しており『ズズ』と意味不明の声を発した。そしてすぐに軽いいびきをかき始めた。自分は体中から汗が噴出した。室内の電話で同僚に『すぐ来てくれ』……」（参考『赤いツァーリ』ラジンスキー著　NHK出版）

**【断末魔のスターリン】**――娘のスベトラーナは父の臨終の様子を次のように記している。

「最後の数分という時になって父は不意に目を開け、周囲をぐるりと見わたした。それは死への恐怖と医師たちへの恐怖とにみたされた、不気味なまなざしだった。そして左手を上げその手でどこか上のほうを指差すと、脅しつけるともつかない身ぶりをした。次の瞬間、魂は最後の努力をなし終えて肉体から離れ去った」（抜粋要約『スベトラーナ回想録』新潮社）

**【スターリンの死】**――スターリンは、一万人以上の軍隊が厳重に守るモスクワ近郊の邸で死亡した。スターリンは脳卒中を起こしたが、厳格な規則が裏目に出て発見が遅れ、また報告を受けた筆頭幹部のベリヤらが意図的に治療を遅らせたこともあり、三日後に死亡した。

この間、ソ連の一流の侍医はユダヤ人であったが、直前のユダヤ人医師陰謀事件の粛清計画により逮捕されていた。そこで皮肉にも二流の医師が治療に当たり、吸血ヒルを貼り付けるなどの原始的な民間療法で恐る恐る治療をしたという。スターリンが死ぬとすぐにソ連共産党内で権力闘争が始まり、恐れられていた秘密警察のベリヤは処刑され、フルシチョフが後継者となった。

【ソ連囚人の喜び】――――「三月六日の朝、ボルクタ鉱山の囚人J・ノーブル（米国籍）は、スターリンの死のニュースを聞いた一人の老囚人が、第六号坑道の水溜りに倒れるようにひざまずき、『神は讃《ほ》むべきかな。不幸なる者に思いをいたす人ここにあり』と叫ぶのを目撃した」

しかしあまりに長い服従生活に慣れたソ連の大衆は、スターリンの死を聞くと却ってどうして良いかわからず不安になったという。その後、強制収容所の囚人たちは急速に解放されていった。

（抜粋『スターリンの死』J・ボルトリ著　早川書房）

【抑留者の帰国】――――スターリンが死ぬと朝鮮戦争は休戦となり、国際情勢は急変した。この後一九五六年、日本政府は日ソ共同宣言と通商議定書を締結し、ソ連に抑留されていた日本人を取り戻すことに成功した。

【日ソ国交回復】――――「一九五六年、全抑留者の釈放が決まった。そして十二月、最後の長期抑留者一千二十五名が『興安丸』でナホトカを離れた。このとき、日本人の抑留者が可愛がりハバロフスク収容所から連れて来ていた一匹の黒犬が、帰国者の跡を追おうと岸壁から氷の海に

興安丸

飛び込んだ。みなが息を止めて見守っていると興安丸は停止した。そして凍死寸前のクロを救い上げた。クロは甲板で息を吹き返した」（『収容所から来た遺書』辺見じゅん著　文春文庫）

これはまるで、ソ連各地で非業の死を遂げた多くの抑留同胞の望郷の魂がクロに乗り移ったと思われるような実話である。クロは日本で大切に飼われた。

**【殺された未帰還抑留者たち】**――ソ連ＫＧＢは日本人捕虜を帰国後スパイに仕立てようとした。近衛文麿の令息、近衛文隆砲兵中尉は十年以上にわたり虐待されていたが、スパイになることを拒否していた。近衛文隆氏は戦前プリンストン大学で学んだ優秀な人物で、飢餓状態にあっても、結核で苦しむ同房の長期抑留者に自分の食物を分け与えるような、思いやりのある人であった。

スターリンが死去すると、日本だけではなく米国も日本人長期抑留者の解放を強く要求した。しかしソ連ＫＧＢは、抑留の内幕を隠すために、近衛文隆氏を帰国直前に毒殺して、その抑留中の記録を廃棄し証拠を隠滅した。このほかにも誰にも知られないまま密かにソ連ＫＧＢに殺された日本人は少なくない。（参考『プリンス近衛殺人事件』アルハンゲリスキー著　新潮社）

**【フランス人元共産主義者の思い出】**――ソ連に抑留されていた仏人ジャック・ロッシ氏は、帰国後、収容所における日本人関東軍将校との思い出を記している。

「日本人は私にとって特別な意味を持っている。私は強制収容所の道の上で日本人とすれ違った。それは人間の魂や思想、言葉さえも腐らせてしまう強制収容所で十二年を過ごした後であった。彼らに会ったことは私にとってまさにさわやかな一陣の風であった。軍規と文化の規律に支えられたこれら満洲の旧軍隊の将校たちは、この汚い水溜りの中でも汚されることはなかった。

私は元首相の子息の近衛文隆公と（英語で）充実した会話をしたことをとても楽しい思い出としている。私が内村剛介教授と会ったのもここであった。スターリンの死後、文通が許されるようになると厳重な検閲の下で、内村夫人が貴方の友人によろしく、という一言を滑り込ませてきた。そのたびに私は厚い監獄の壁を越えて自由な世界からやってくる新鮮な空気に触れたような気がした」（抜粋要約『さまざまな生の断片』ジャック・ロッシ著　成文社）

**【抑留者の詩】**――『日本しんぶん』今立鉄雄編著（鏡浦書房）より抜粋しよう。

「忘れるものか　はらからの　遠い嘆きの咽ぶ声　幾山河をへだてても父祖へつながるその命敗れた国のおきてゆえ　恨みは述べぬ朔北《さくほく》へ　一人たりとも死なしむな　ああ同胞のきみたちを」

石原吉郎（昭和二八年帰還）

「我はかも今か還らむ父母の我を待つなる日本島根《やまと》へ」

「いざ友よ今日日本《ひのもと》へ赴かむ恋てやまざる祖国へ向けて」
「日章旗打ち振りたてて迎え来し人等幾人大声に呼ぶ」
「快く泣けと云うかに祖国《おやくに》の山は招こう緑なす山」野口哲夫

**【スターリン批判】**――――フルシチョフはスターリンの死の三年後、一九五六年の共産党大会で、スターリンの残忍な独裁政治の事実を暴露し批判した。
「最初のうちフルシチョフが何を言っているのか理解できなかった。スターリンは神聖にして侵すべからざるものだったからだ。次から次へ犯罪について話が続いた。聴衆は水を打ったように静かだった。報告が終わると議場を出てゆく人は互いに誰も口をきかなかった。喜びも非難もなかった。誰もが呆然として気落ちし参っていた。こうして新しい時代が始まった」（抜粋要約『歴史の幻影』アレクサンドル・ヤコブレフ著　日本経済新聞社）

**【共産国の対立】**――――絶対神として恐れられたスターリンの否定は、ソ連社会と共産圏諸国に大きな動揺を起こした。同じ独裁者の毛沢東は権威の崩壊を恐れ、フルシチョフと対立して一九六九年、満洲で大規模な中ソ国境紛争を起こした。共産主義国家間の戦争により、西側の左翼に対する好意的な幻想は消滅した。

**【ソ連の自滅】**――――その後、ソ連は米国との軍拡競争に巻き込まれて経済が疲弊して混乱し、時代の情報化もあり自由を求めるソ連国民の支持を失い、一九九一年に内部崩壊により自滅した。

一握りの犯罪者たちが愚かな理想主義者を利用して独裁権力を握り、無数の犠牲者を出しながら七十年にわたりロシア国家を私物化するという、人類史上最も奇怪で残忍な恐怖政治は終わったのである。

**【ロシアの復興】**――ロシアの政治学者ツィプコは、マルクス主義がロシアから立ち去ったときロシアに残されたのは、あらゆる過去の豊穣な文化の焼け跡と社会の腐敗、飲酒癖、鬱屈だけであったと嘆いている。共産党は伝統文化や遺産を徹底的に破壊し、数千万の人々を苦しめ無数の人を虐殺したが、何一つ良いものを作り出すことはできなかった。

現在、ロシアは必死になってソ連時代に破壊されたロシアの伝統文化の復活に努めている。

# 第四章

# 日本破壊と盗まれた独立

戦後の歴史が分からないという人が多い。それは政治的に大きな事件が多発し社会の価値観がめまぐるしく変わったことと、国民が経済混乱と大発展に目を奪われて歴史に向きあう時間がなかったからであろう。また、民族の歴史が断絶したという誤解もある。そこで以下のように、起承転結で今日に至る戦後の流れを分析し、今後の国民的課題を考えてみたい。

起は敵の占領と破壊、承は社会混乱や日本の抵抗、転は冷戦による米国の占領方針の転換と日本の再独立、そして結は独立後と現在の課題である。このように、民族主義から見れば、戦前戦後の歴史はつながっていることが分かるだろう。

## 占領と破壊

マッカーサー

**【降伏調印式】**――一九四五年八月十五日、東京湾の米戦艦ミズーリ号上で行われた降伏調印式に出席した外務省随員の加瀬俊一氏は次のように記している。

「事前に戦艦ミズーリについて海軍に聞くと、特攻機が沖縄で一機命中しているという。私は英霊たちと甲板を踏む覚悟でいた。甲板に上ると壁に日章旗が十数個記されているのに気づいた。

祖国のために死を急いだ特攻隊の青年たちだった。もし君たちに霊があるならこの降伏の光景をなんと眺めることだろうか！　私は自問した。目頭が熱くなって涙がこみ上げそうになるのを必死になってこらえた。敵の目の前で涙を流してはなるまい」（抜粋要約『あの時「昭和」が変わった』加瀬俊一著　光文社）

降伏調印式

**【独裁と破壊】**――日本が敗戦すると米国は、マッカーサー将軍を総司令官とする占領軍総司令部GHQを設置し、日本を独裁支配した。日本政府はその命令を実行するだけの傀儡政府となった。NHKや新聞、出版界は占領軍の反日宣伝の走狗《そうく》となった。

占領軍は五年間にわたり日本政府を使って日本民族の生態を、政治社会制度から文化、価値観にいたるまで全面的に破壊した。その目的は米国の戦前からの支那進出戦略を邪魔させないため、日本の背骨を折り、永久に無力化することだった。そのため占領方針は、戦前すでに作成されていたポーリー報告により、日本人の生活水準をアジア最低レベルに落とすことになっていた。せっかく焼け残っていた産業機械は賠償名目で撤去され、途上国に送られ埠頭で朽ち果てた。

こうしたことを知ると、占領軍は良いこともしたなどという意見はまったくの誤解であることが分かるだろう。それは、占領軍の方針が四年後に転換してからの話である。占領軍総司令部にはソ連関係者が多数入り込んでいたので、日本破壊政策は共産主義革命に類似したものとなった。

**【反愛国心宣伝と洗脳】**――――占領軍は日本民族をバラバラにするため、愛国心（連帯心）を否定し、拠り所となるものをすべて禁止し破壊した。日本の歴史や大東亜戦争の歴史は否定され、その代わり日本悪者論を教え込み、日本人に贖罪意識を植えつけようとした。戦前の歴史教科書には墨がぬられ、歴史書の焚書《ふんしょ》が行われた。ナチスと同じ蛮行だった。ＮＨＫや新聞、文化教育界は占領軍に隷従し、日本人を裏切った。とくにＮＨＫは洗脳放送『真相はかう《(こ)》だ』という番組を流し、国民を騙した。しかし謝罪はまだ行われていない。

**【破壊されたのは生態】**――――ＧＨＱは日本人の生態を奪った。生物に生態があるようにあらゆる民族には固有の生態がある。その中身は言語から慣習まで広範で、天災、飢餓、疫病、戦争などの危機体験を経て数千年もかけて形成されたものである。

**【国態基本政策とは】**――――この生態の柱となる政策が国態基本政策である。これは明治期にまとめられたが、長い民族の伝統の精華であり、思いつきで作られたものではない。これを連続性と連帯性、そして共同体の公私に分けると次のようになる。すなわち、公の連続性が天皇崇敬、私の連続性が先祖崇拝だ。これは皇室の一二五代という長大な伝統に収斂《しゅうれん》している。公の連帯性は国民国防である。私の連帯性は家制度である。これは両親介護と結婚奨励制度である。そして公私の民族の価値観が教育勅語である。これらを縦線、横線、点で表すとちょうど「井」という文字になる。簡単だから覚えていただきたい。

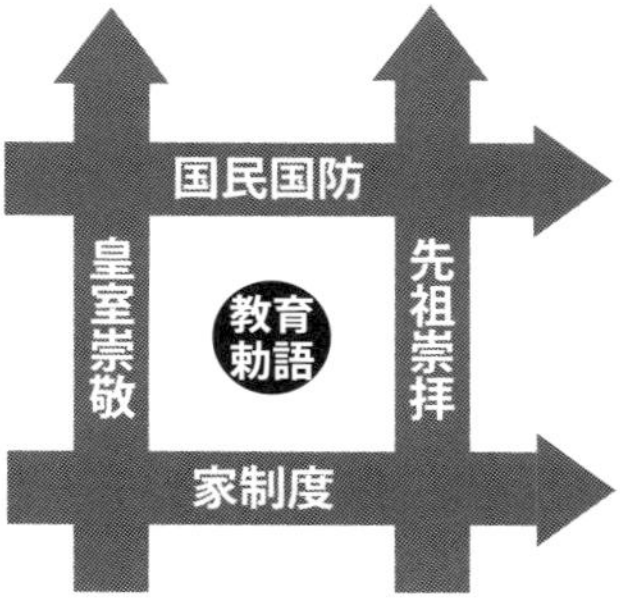


**【国態政策の効果】**――戦前の日本はこの国態を守って発展し、終戦時の人口は明治初年にくらべ倍増した。また、戦後の廃墟からの奇跡の復興に成功したのも戦前の教育や制度の成果による。今その世代が失われたため、日本社会は混乱が進んでいる。この解決は国態基本政策の回復である。

**【皇室崇敬】**――皇室については、敵は皇族を廃止した。これは天皇を立ち枯れさせるためであり、実際に今大きな問題になっている。解決は皇族の回復である。

**【先祖崇拝】**――先祖崇拝は日本民族の古代からの慣習である。これは遺伝子継承による永遠の生命を意味する。このため先祖崇拝が失われると個人は自分を歴史的、社会的に位置づけることができなくなり不安定化する。今それが起きている。

**【国民国防】**――これは防人であり、近代独立国家共通の大原則だ。だからこそ日本軍はアジア独立のために現地人に軍隊を作らせた。しかし、植民地には禁物だ。そこでマッカーサーは詭弁を弄して日本から軍隊を奪った。植民地化である。

**【家制度】**――――これは責任者相続による両親介護義務制度である。これを中心に先祖崇拝、親戚の助け合いなどがある。この制度は長い歴史の中で、政府が崩壊しても日本人が生き残るために先人の叡智が作り上げた究極の制度である。今その破壊で、介護者を奪われた老人が路頭に迷っている。

**【教育勅語】**――――戦前の日本人は義務教育で暗記していたから、史上最高の道義国家を実現することができた。また、戦後の廃墟から立ち直ったのもこのおかげである。占領軍は国防義務の項目が悪いとしたが、国防は世界のすべての共通の国民の義務である。騙されてはならない。

**【様々な破壊】**――――占領軍は、日本人が明治以来営々と築いてきた国防から教育、伝統文化などすべての社会制度、文化の精華を破壊した。中央集権国家は破壊され、自治の美名の下で分割された。吉田首相は、「地方自治をすれば統一国家はもたない」と嘆いたが、今その弊害が顕在化している。

文字や文法の変革は、日本の子供を過去の民族文化から断絶させるために行われたものである。本を読ませなくするのだ。公職追放は有能な人材を社会から追放し、反日勢力が日本社会を乗っ取る政策であった。そしてさらに、社会の混乱下で再就職まで禁止するなど、実に許されない非道な政策であった。ＧＨＱは財産に莫大な税金をかけて個人の資産を没収した。このため自殺者も出た。個人の農地を解放と称して没収し、農民に分け与えた。共産革命の定番政策だった。どれも米国本国では見られない不合理で残酷な政策であった。

**【国民価値観の破壊】**――――占領軍は国民の価値観を破壊するためにリベラル思想を宣伝した。民主主義、平等、人権である。しかし民主主義はすでに述べたように、曖昧で定義のない概念だ。平等主義というとみな良いことだと思う。しかしこれは人間の妬み本能を使った分裂思想である。左翼が盛んに使うが、破壊が終わると否定される。スターリンの平等否定が良い例だ。正しいのは優先順位である。私たちもお金は均等には使わない。限られた資源を使って民族の生存と連続を可能にするには、平等では滅亡するからだ。

人権も誤解されている。社会の権利にはすべて国籍と国防義務が必要だ。それを国民権という。しかし、人権には資格も義務もない。十八世紀にルソーの創った存在しない妄想願望なのだ。現実ではどこの国でも、国防は人権に優先する。人間の政治は理想主義運動ではなく、生存を確保し連続するための現実の活動だからだ。騙されないようにしよう。

**【破壊の固定】**――――相続制度は人類の社会制度の基本である。それは生存と存続のシステムだからだ。世界では日本を含め長く長子相続であったが、フランス革命でサン・ジュストが相続を長子責任者相続から均等相続に変えた。革命はすぐに終わったが制度は残り、これがアメリカに持ち込まれた。日本でも占領軍は、破壊した日本社会を回復させないために、相続制度を均等相続に変えた。日本人の欲望を使って社会を分裂させたのである。

このため今日本では家が断絶し、介護者を失い老人が困っている。平等相続では社会は弱体化し消滅する。あのモンゴル大帝国も相続制度が草原の掟である均等相続であったため、数代を経ずして消滅してしまったという。相続制度は両親介護責任者の相続に戻さなければならない。

**【占領破壊政策への米国人の疑問】**――――ヘレン・ミアーズ女史は戦前の日本を知る社会学者であるが、占領軍総司令部の要員として来日した。そして同僚たちが日本の社会制度を簡単に破壊するので疑問を抱き、「何千万もの人の運命にかかわる制度を、調査もせずに破壊することが許されるのか」と問うと、同僚たちは「戦争に勝ったのだから何をしてもよいのだ」と、かえってヘレン女史を非難したという。そんな無責任な彼らは闇市で、日本人が生活苦から手放した掘り出し物を漁っていたが、五年もしないうちに米国に帰国した。固有の社会文化制度を破壊された日本人が今、苦しんでいるのである。

# 敗戦の社会混乱

**【餓死者一千万の予測】**――戦争で産業と働き手が失われた日本経済は壊滅した。そこに海外から難民となった日本人が大量に帰国したので、人口は八千万に膨れ上がった。しかし日本の国だけの固有食糧生産量は、明治初年を見ても分かるように四千万人であったから、日本は食糧の絶対量不足から一九四六年の冬には一千万人以上の餓死が予想された。裁判官の山口判事は国民を裁く法律家としての責任感から、闇米を食べず厳格に統制令を守ったため餓死している。

**【吉田首相の苦悩】**――吉田首相の令嬢、麻生和子氏は次のように記している。

「高台の官舎から見える東京は一面の焼け跡でした。父は、『これがいつになったら片付けられて家並みがそろうのだろうか。二十年後では無理かもしれない』と険しい顔でよく申しておりました。何とかしなくてはいけない、と切羽詰まったものだったのです。社会情勢は安穏なものではなく、それこそ毎日父の死を覚悟しておりました。

父の手紙には『占領軍の方針が分からず、どう対処してよいか迷うことのみ多い。自分は砂漠の中でオアシスを求めてさ迷い歩いているようなものだ』と記されていました。

とにかく一日も早く日本を立ち直らせようと努力した父の明治の情熱にはまったく頭が下がる思いでした。……しかしその半分の十年で戦前をしのぐようになり、まるで夢のような気がいたします」（『回想十年』吉田茂著　中公文庫）

**【困窮と混乱】**――――餓えた都市住民は農村に食糧を求めて「買い出し」を行い、戦災で焼け残った衣類などを農家で米や芋などと交換した。これらの生活苦に加えて、敗戦直後の日本社会は、ソ連の指示を受けた共産主義者が占領軍の日本破壊方針に便乗してデモやストライキを起こしたので騒然となっていた。

**【神戸事件】**――――一九四八年には大阪や神戸で朝鮮人が蜂起して兵庫県庁を占拠し知事や市長、警察署長が軟禁される事件が発生した。米占領軍は驚き、非常事態を宣言し鎮圧した。逮捕者の中には日本共産党員もいた。知事室は破壊された。これが占領軍の国家警察解体による治安破壊の成果であった。（『日本占領　三』児島襄著　文藝春秋）

**【共産主義者】**――――占領軍は戦争中収監されていた共産主義者を釈放した。自由主義者と勘違いしていたのである。ソ連は早速、彼らを利用して激しい反日、反米運動を展開した。共産党は獄中転向しなかったと自慢したが、戦時中は刑務所こそが三食昼寝付きで最も安全な場所であった。忠誠な国民は激戦地で戦死したり餓死していたのだ。

# 昭和天皇の国民慰問

昭和天皇

**【昭和天皇】**——昭和天皇は二千六百年に及ぶ長大な日本の歴史の中で、民族の最も危険な時代に政府を指導され、その後国民と苦楽を共にされ国民の心の拠り所となられた偉大な天皇である。戦前、昭和天皇は常に平和を望まれたが、外国の攻撃を受けたのでやむなく日本は自衛戦争を戦った。しかし敗勢が濃くなり原爆攻撃まで受けたので、政府が苦悩し混乱する中で天皇が敗戦を受け入れられた。

**【天皇陛下の激励】**——日本人は占領軍独裁の強権と暴政の前に抵抗できず苦しんでいたが、昭和天皇は各地を行幸され、傷つき苦しむ日本国民を励まされた。このため日本は諸外国のような内乱も起こらず、我慢強く時局の好転を待つことができたのである。このような難しい仕事は天皇陛下以外の誰もできるものはなく、昭和天皇の偉大さをよく表している。

『御製に仰ぐ昭和天皇』（副島廣之著　善本社）から抜粋要約する。「臥薪嘗胆のご教示」昭和二十一年の御製は次の通りである。

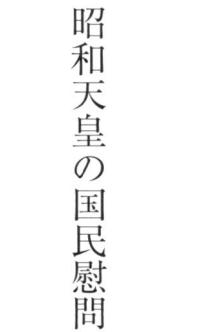

「降り積もる深雪に耐えて色変えぬ　松ぞ雄々しき人もかくあれ」

この趣旨は、降り積もる深い雪にも耐えて常に緑の色を変えない松のように、占領の苦しみに負けず日本人としての誇りを守り再独立の時を待とう、という国民へのご教示と激励である。

**【米軍の外れた思惑】**――――占領軍は日本人にとって天皇が特別な存在であることを理解できなかったので、天皇が行幸で国民の目に直接触れることにより国民の敬慕と尊敬の念が薄れることを期待した。また、戦死者の遺族から諸外国の皇帝や王のように非難攻撃されることを期待した。しかし結果はまったく反対であった。敗戦し国家を奪われた国民は、天皇陛下の下に結集したのである。ある施設では、ご訪問に反対していた共産党員までが、天皇陛下がお見えになると「万歳」を叫んでしまったという。

**【無礼な占領軍】**――――連合軍のカメラマンは天皇陛下にあれこれポーズを指図するなど無礼な態度をとったが、天皇陛下は意に介されなかった。

「警護役の内舎人《うどねり》・金子堅次氏は、天皇陛下はなんと雄々しいことだろうか、日本の再建のために、今国民のために耐えがたきを耐えていらっしゃるのだと思うと急に涙があふれ、いくら手の甲でぬぐっても頬が濡れた」（『天皇家の戦い』加瀬英明著　新潮社）

**【戦傷者への慰問】**――――午後は戦災者用宿舎をご覧になった。どの部屋もみすぼらしい。ある部屋では「ご主人はどうしているの」と聞かれた妻女が「フィリピンで」と答えると、戦死したと思われ「困っていることはないか」とお言葉をかけられた。妻女が「いいえ負傷だけで工場に行っております」と答えると、「ずいぶん働いてくれたんだね、ご苦労だったね」のお言葉に妻女はせき上げる涙にむせぶ。陛下のお言葉も平素とは違い、もしかしたら陛下も泣いておられるのではとお側《そば》の人がそっとお顔を拝したほどであった。

【広島巡幸】――――十二月七日、原爆の地、広島にお入りになられた。会場には七万人の国民と、入り口近くには八十四名の原爆孤児が並んでお迎えしていた。陛下は子供たちの側へ歩まれ、慰めのお言葉をかけられた。そして原爆で頭の禿げた男の子の頭を抱え込むようにして御目頭をしばしば押さえられた。周囲の群衆は静まり返り、やがてすすり泣きの声が広がった。

御製「ああ広島　平和の鐘も鳴りはじめ　立ちなほる見えてうれしかりけり」

【沖縄巡幸果たせず】――――ただ、国土を守るために多くの犠牲を出した沖縄だけは巡幸されることができずに、一九八九年、崩御された。その折の御製は次の通りであった。

「思はざる病となりぬ沖縄を　たづねて果たさむつとめありしを」

【天皇の意義】――――私たちの先祖が古代から連綿と守り伝えてきた天皇とは何だろうか。それは日本人のあらゆる正統性の象徴なのである。正統性とは正義のことである。日本人の心の拠り所である。もし天皇を失えば正義が失われ、暴力を持つ権力者が私利私欲で日本を支配して社会は大混乱に陥る。それが古事記にある、天照大神が天の岩戸に隠れられて世の中が闇になったお話の真の意味である。独裁者の解釈次第でコロコロ変わる民主主義や共産主義などの政治イデオロギーは、精神の正統性や正義にはなりえない。共産主義政権の大虐殺は民主主義の名目で行われているのだ。

**【天皇護持】**――外国は日本を滅ぼすために天皇を奪おうとしてきた。敗戦時に占領軍は天皇を滅ぼそうとしたが、国際情勢の変化で日本を利用する戦略に転換したので、日本人は天皇をお守りすることができた。天皇への攻撃は政治だけではなく外国の文化や宗教によっても行われるので、日本人は警戒心を高め、皇族を回復し天皇の基盤を強化しなければならない。

また、国民を天皇から引き離そうとする謀略にも、強い警戒が必要である。そして不敬罪が必要だ。豚に真珠を汚させてはならない。天皇は日本人の正統の象徴であり、生存と再生のシステムの要であるから大切にお守りし、次の世代により強化して継承することが私たちの義務であり使命である。

**【昭和天皇記念館】**――昭和天皇は生物学者であり、かつ大歌人でもあった。その偉大な事跡は東京立川の昭和天皇記念館に展示されている。ぜひお訪ねいただきたい。

# 東京裁判

殉国七士の墓

**【東京裁判】**――これは連合軍が日本の戦時指導者を捕らえて処刑した事件である。目的は米国民への対日戦争の正当化と、日本人への威圧、そして米国のアジア進出を正当化するためであり、プロパガンダ裁判であった。しかし、急速に冷戦が進行するアジアの激動の中では完全に逆コースの発想だった。

**【東京裁判の実質否定】**――このため、三年後の一九五一年、マッカーサーは米議会で日本の大東亜戦争を自衛戦争であったと証言し、日本非難を撤回したのである。極東国際軍事裁判の法廷は一九四九年に解散され、二度と再開されることはなかった。米国の戦前からの長い反日政策は終わったのである。

**【裁判の無効性】**――いろいろな論理があるが、戦勝国側が一人も裁かれず、原爆大虐殺が不問である以上、裁判の要件である公平性がないから裁判ではないということだ。したがって東京裁判に拘束されないという論理でよい。

**【原爆無罪の偽善】**――――この裁判は、政治的な見世物裁判であり、真実の罪を論じるものではなかった。その証拠に、ブレイクニー弁護士が原爆投下責任を取り上げると、日本語への通訳は停止した。大量殺人を犯した米国には日本を非難する資格がないことは、みなが知っていたからである。

**【政治裁判】**――――後年、歴史家の児島襄が豪州にウェッブ元裁判長を訪ねると、判決は理屈ではなく、結局マッカーサーが政治的に決めていたと述べた。マッカーサーは後年、東京裁判は失敗だったと反省したという。これは裁判が米国の国策に反することが次第に明らかになったからであろう。なお、中共が上海に東京裁判博物館なるものをつくるというが、日本の悲劇を中共の反日宣伝に利用させてはならない。

**【力の論理】**――――『君主論』のマキャベリは、不平等な関係で結ばれた国際協定は力関係が変われば変更、破棄されてきた、と記している。だから日本人は史実はもちろんであるが、大東亜戦争は自衛戦争であると米国が歴史観を変更している以上、東京裁判史観は否定してよい。

**【東條英機らの処刑】**――――東京裁判では政治指導者の被告は合計二十五人で、その刑罰は東條英機以下の絞首刑七人、終身禁固十六人、禁固二十年一人、禁固七年一人であった。なお、政治指導者の被告で絞首刑になった七人をはじめ十四人は、一九七八年十月から靖国神社に、昭和天皇のご裁可を経て「昭和殉難者」として合祀されている。

昭和二三年十二月、マッカーサーにより処刑が決まると、七人の死刑囚は松井石根《いわね》大将の音頭で「天皇陛下万歳、大日本帝国万歳」を唱えた。遺族は深夜のラジオの臨時ニュースで知り、祭壇を設けて冥福を祈った。処刑地の巣鴨拘置所の跡地には今、サンシャイン60という高層ビルが建っており、その一隅に犠牲者を記念して御影石の碑がある。

処刑後、占領軍は被告の遺体を横浜の久保山火葬場で焼却したが、遺骨を日本人に渡さなかった。これは、日本民族主義の英雄になるのを恐れたものと思われる。その後、米軍は最終的に、犠牲者の遺骨を太平洋に散布したといわれるが明らかではない。

**【犠牲者の慰霊】**――しかし三文字弁護人、近くの寺の市川住職、火葬場の飛田場長の三人は決死の覚悟で潜入し、骨捨て場の上部に残されていた犠牲者の遺骨の一部を収容し秘匿した。その後、遺骨は熱海の興亜観音境内に移され、「七士之碑」が建設された。文字は吉田茂元首相が揮毫した。

東京裁判の判事のうち、無罪を主張したインドのパール判事とオランダの判事の二名は、興亜観音を参拝して犠牲者の冥福を祈っている。また昭和三十五年、三文字弁護人が三河湾を見下ろす三ケ根山頂に「殉國七士墓」を建立した。三河湾は多くの戦死者を出したフィリピンのマニラ湾に似ているという。（参考『日本郷友連盟会報』矢部廣武著ほか）

**【東條英機の遺言】**――東條英機は一九四一年十月に、日米関係がすでに悪化した状況で首相に選ばれた。独裁者ではない。このため対米戦開戦の責任者になったが、米国の対日挑発政策はすでに決定していたので、誰が首相になったとしても結果は変わらなかったであろう。東條英機は危機の時代の日本を託された指導者であり、日米戦争を避けるために必死に努力した。戦争には敗れたが、立派な民族主義者であり、誠実な愛国者であった。なお、支那事変の開戦時の首相は近衛文麿であり、東條英機は関係がない。以下は遺言の抜粋である。

裁判風景

「戦争当時の責任者として敗戦のあとを見ると、実に断腸の思いがする。今回の刑死は個人的には慰められているが、国内的には自らの責任は死をもって償えるものではない。しかし、国際的犯罪としては無罪を主張した。今も同感である。ただ、力の前に屈服した。……東京裁判は結局、政治裁判に終わった。勝者の裁判たる性質を脱却せぬ。……米国の過ちは日本という赤化の防壁を破壊したこと、満洲を赤化の根拠地たらしめたこと、そして朝鮮を二分して紛糾の因ならしめたことである」（抜粋要約『昭和二十年八月十五日』安田武ほか著　双柿舎）

今見るとすべて的中している。辞世には東條英機の万感の思いが込められている。

「我ゆくもまたこの土地にかへり来ん　国に報ゆることの足らねば」

**【インドのパール判事の無罪論】**――米国は裁判の人種公平性を偽装するため、有色人種の英領インド人のパール博士を判事に加えた。しかしパール判事は判事の中でただ一人、純粋な法律論により日本人被告全員を無罪とした。彼はその判決文を、「時が熱狂と偏見をやわらげた暁には、また理性が虚偽からその仮面を剥ぎとった暁には、その時こそ正義の女神はその秤を平衡に保ちながら、過去の賞罰の多くに、そのところを変えることを要求するであろう」という有名な言葉で結んでいる。

いつか日本の正しさが分かるという意味だ。日本政府はパール判事の勇気に感謝し、勲一等瑞宝章を授与した。その後、博士の記念碑が靖国神社・遊就館前に建立され、参拝者が感謝の生花を供えている。

**【昭和天皇の東京裁判犠牲者家族へのご慰問】**――昭和天皇は、東條英機の命日には東條家の遺族に毎年、生花を贈られていた。また一九七八年、東京裁判犠牲者の靖国神社合祀をご裁可された。しかし、三木政府の昭和天皇の靖国神社ご親拝《しんぱい》への妨害は一九七六年から始まっており、犠牲者合祀の二年前だから、東京裁判の犠牲者を祀っているため昭和天皇が靖国神社ご親拝を控えられたというのは、時系列を見れば嘘で、昭和天皇のご遺徳を傷つけ靖国神社を破壊しようとするデマと分かる。

**【感謝と顕彰】**――――敵の植民地主義の連合軍に処刑された同胞はみな、日本の独立を守る民族主義の防人であり、国民の身代わりとなった方である。したがって敵の反日宣伝を拒否し、犠牲者の方々の冤罪の苦しみを理解し、その貢献と偉業を子孫に伝え、靖国神社で永久に顕彰することがわれわれ日本人の義務である。

## 米国の反共大転換

**【鉄のカーテン演説の警報】**――――戦争中、チャーチルはソ連の欧州中央部進出を警戒していたが、米国はソ連を使ってドイツを倒すことに夢中で、ソ連に利用されていることには気づかなかった。そこで、元・首相となっていたチャーチルは、一九四六年三月、米国フルトンでトルーマン大統領の許可を得た上で、有名な「鉄のカーテン」演説を行った。

マッカーシー

「ソ連が何をしようとしているのか誰もわからない。しかしバルチック海のステッテンからアドリア海のトリエステまで欧州大陸を横切って鉄のカーテンが下ろされた。その内側に中部、東部欧州のすべての首都、古都が飲み込まれてしまっている。これまで（各国で）微々たる勢力であった共産党は全域で全体主義的統制を敷きつつある。……われわれが戦ってきたのはこのような欧州を実現するためではなかったはずだ」

この演説は、ルーズベルト夫人など米英の親ソ派の間に驚きと憤激とを巻き起こした。しかし、その後の米英の基本政策となり、反共のＮＡＴＯ（北大西洋条約機構）が設置されるのである。

（『チャーチル伝』ルイス・ブロード著　恒文社）

**【マクマリーの予言の的中】**――戦後の極東は、戦前にマクマリーが予想したとおり、日本の撤退した空白にソ連が大々的に入り込み、支那では国共内戦が再開し、米国は思惑が外れて大混乱に巻き込まれた。このため米国ではさすがに、民主党政権の失敗が問われることになった。

**【日本破壊の停止】**――一九四八年、米国国務省の高官でソ連問題の専門家のＧ・ケナンが来日し日本占領政策を調査したが、極めて過激なものであり、共産主義反乱の下準備になっていることをマッカーサーに指摘した。そこでマッカーサーはすぐに破壊政策を停止し、総司令部内の民生局に巣食う左翼を追放した。ケナンは日本視察後、対日占領政策の見直しをトルーマン大統領に建策し採用された。

**【米国の対日政策の転換】**――米国は戦前から支那満洲を狙っていたが、スターリンにヤルタ協定で騙され、掠《かす》め取られてしまった。このため、せっかく邪魔な日本を滅ぼしたが、日本占領の意味がなくなった。それどころか、日本を非武装にしたので国防の代行が莫大な費用負担になった。そこで占領政策をやめて独立させ、日本に自衛させ、さらにその軍事力を米国のアジア政策に利用しようと考えるようになった。

**【赤狩り】**――米国内では一九五〇年、マッカーシー上院議員が、政府内に大量の共産主義者が潜入しているという警報を発すると、米国は一挙に反共産主義に転換した。この理由としては冷戦の激化、ベノナ文書で明らかになったソ連のスパイ活動の発覚、原爆機密の盗難とソ連の原爆成功、長年狙っていた支那満洲の喪失が挙げられる。

マッカーシー議員の発言は猫の首に鈴をつけたような劇的な効果をあげ、たちまち政府やマスコミ界、映画界、原爆開発研究所など重要な組織で大規模な左翼の査問が始まり、多数の共産スパイや同調者が社会から追放された。

日本の皇族を支那軍閥に引き渡せと主張した反日派のオーエン・ラチモアも左翼とみなされ職を追われている。これを「赤狩り」という。米国国務省の支那課では、二十二名いた外交官のうち、査問後も残ったのはわずか二名だったという。

**【占領方針の転換と不十分な左翼追放】**――マッカーサーは本国の指令を受けて、占領軍内部や日本破壊の音頭を取らせていた日本人の左翼を社会から追放した。これがレッドパージ（左翼追放）である。戦後あれほど占領軍から持ち上げられた共産主義者は身を隠し、共産党指導者徳田球一は中共に亡命し死亡した。しかし、日本社会が左翼に乗っ取られた甚大な被害は、人脈や法律、制度としてそのまま残り、拡大再生産されて、その害毒は今も日本人を苦しめているのである。

**【旧特高関係者に感謝したＧＨＱ】**――――ＧＨＱがゾルゲ事件の報告を発表すると、スメドレーが、共産主義者にされているとして名誉毀損でＧＨＱを訴えた。困ったＧＨＱは、公職追放されていた元特別高等警察の関係者に支援を求めた。米軍により職場を追われた日本人は、初めは断ったが、懇願されたので協力した。その結果、ＧＨＱは勝訴できた。そこでＧＨＱのウィロビー少将は、元特高関係者二十数名を宴席に招待して、「これでスメドレーは心臓をえぐられても声が出ないだろう」と感謝した。（参考『特高の回想』宮下弘著　田畑書店）

その後スメドレーはロンドンに逃げたが、五十八歳の若さで死亡している。戦時中のソ連の工作、秘密を知っているので謀殺された可能性がある。

**【蔣介石支援の再開】**――――米国は冷戦が始まると、支那の共産化で一度は見捨てた台湾の蔣介石への支援を再開した。しかし以前の狙いは日本を駆逐して支那満洲へ勢力を拡大することであったが、今度は共産勢力のアジア拡大の防止であった。蔣介石は米国の態度豹変に驚きながら歓迎した。ただ、米国は自分が強大化させたソ連中共との戦争を恐れ、蔣介石の支那本土反攻の方針には反対した。

**【ソ連のウソ宣伝】**――――スターリンは、米国が共産スパイの浸透に気がついたのを知ると、諜報組織の防衛のためマッカーシー議員に対して個人攻撃を行い、告発されたソ連スパイの冤罪宣伝を世界中で大々的に行った。しかし、ソ連が崩壊した後のソ連機密資料の公開、米国が解読したソ連スパイ通信記録（ベノナ文書）によると、当時の米国の告発が正しかったどころか、ソ連スパイ網はさらに大規模であったことが明らかになり、当時の左翼の冤罪宣伝がまったく嘘であったことが証明された。

**【反米宣伝の残渣】**――――現在の米国の容共リベラル派や日本のマスコミの中には、ソ連の崩壊やソ連スパイ通信記録の公開にもかかわらず史実を国民に隠蔽し、いまだに当時の反共赤狩りが不当であり、被告が冤罪であったように主張する者がいるので騙されないようにしたい。赤狩りは遅すぎたのである。

**【朝鮮戦争】**――――戦後の朝鮮半島は、日本の撤退後は北緯三十八度線で米ソに分割されていたが、一九五三年に北朝鮮がソ連の支援の下で南を奇襲し、朝鮮戦争が発生した。この原因は、長い間不明とされてきたが、韓国の研究者が東欧指導者の電話記録を調べたところ、スターリンが東欧支配を強化すべく、欧州から米国の関心をそらすために半島で戦争を起こしたものという。その傍証として、ソ連は国連安保理で拒否権が行使できたのに退席し、実質、国連軍の朝鮮派兵を認めている。日本は国連軍の兵站基地となり活況を呈した。このとき、半島で難民となった朝鮮人の大量密入国が始まった。

【マッカーサーの更迭】――――朝鮮戦争が始まるとマッカーサーは、仁川反攻作戦で米国に大いに貢献したが、日本占領の総司令官を更迭され、後任にリッジウェイ将軍が任命された。これは、トルーマンに原爆投下を進言して反対されたことが原因といわれているが、一九四九年にソ連が原爆開発に成功しているので、原爆投下は考えられず、この後のマッカーサーの米国議会における大東亜戦争自衛論、憲法九条の幣原《しではら》発案論などの方針大転換や釈明を考えると、マッカーサーのままでは日本の再軍備に邪魔になるから、その影響力をなくすために米政府が更迭した可能性が濃いのではないか。

実際、マッカーサーはニューヨークで凱旋パレードを許されている。

【マッカーサー証言】――――一九五一年、米国政府は日本の再軍備への影響を期待して、マッカーサーに、日本の戦争が自衛戦争であったと米国議会外交委員会で証言させた。また彼は、自衛を禁じる憲法九条は日本の幣原喜重郎の意見であったと述べた。これは事実ではないが、占領憲法は日本人が自由に処分してよいというメッセージだったのであろう。しかし、日本政府の自衛拒否は変わらなかった。これは東京裁判を否定する重大な発言であったが、日本の左翼マスコミは大きく報道しなかった。このため日本では米国の否定した東京裁判史観が依然として一人歩きしているのである。

## サンフランシスコ講和条約

**【日本の再独立】**――――一九五〇年代に入ると米国は支那満洲の喪失、朝鮮戦争そしてアジア諸国の民族独立により、戦前からの西進植民地主義を放棄し反共主義に転換した。そこで、失った支那に代わる新しいアジアの軍事拠点として、日本を利用することにした。このため占領方針を、ポーリー報告に基づく徹底破壊政策から、早期復興に切り替え、米国の指導の下で連合国は一九五二年、サンフランシスコで日本に対して講和条約を締結した。

**【日本に有利な講和条約】**――――ダレス国務省顧問は吉田首相に次のように語った。

「三年前であれば講和の条件はよほど悪条件のものになっていただろう。しかし今は勝者として敗者に対する講和条約を作ろうとしているのではなく、友邦として条約を作ろうとしている」

たしかに第一次大戦のベルサイユ条約のように再軍備を禁じておらず、講和条約で占領政策を恒久化するようなこともしていない。また、戦犯をこれ以上訴追せず刑の赦免、軽減の道を開くなどが了解された。しかし米国の本意は表面的な友好ではなく、冷戦の始まったアジアにおける日本の軍事能力の再利用にあった。ソ連は調印しなかった。ソ連はさらに日本の破壊を深化させるために占領支配を続けたかったのである。日本人の臥薪嘗胆の占領時代は、幸運にも六年間を経て終わったのである。

講和条約に署名する吉田首相

【講和条約の調印式】――――「明ければ九月八日。一片の雲もない日本晴れである。かなり暑い。定刻正十時、舞台に林立する最後に見よ今や日章旗が立てられるのである。白地に赤のあの日本の旗が、懐かしいわれらの国旗が再び翻るのである。第五十二番目に見よ、われらの祖国、日本の国旗は今や誇らかに掲げられるのである。

昨日まで私たちは国旗を持たぬ国民だった。国旗のないことがどのくらいわびしいことであるかは、この会議に列席したものでなくては到底分かるまい。その国旗は今私の眼前にある。世界列国の旗とともに、睦まじく肩をそろえて並んでいる。

十時十二分、調印式は開会された。議長はこれから調印を始めますと言い、アルゼンチン駐米大使が進み出て調印する。机の上に三通の文書が置いてある。条約正文、議定書、宣言文である。やがて順を追ってベトナムが署名を終わる。

ジャパンと呼ぶ声に応じて吉田首相以下、六全権が席を立つ。かなりの拍手が起こる。時計を見ると十一時三十五分である。みなモーニング姿である。吉田首相はゆっくりと愛用のペンを出して署名する。まさに感激の一瞬である。

思えば六年の昔、日本は刀折れ矢尽きて東京湾頭において降伏をしたのである。その時随員として屈辱の光景をつぶさにこの目で見た。敗残のあの日に誰かよく今日あるを想い得たであろうか。日本は再び国際社会に復帰するのである。それを象徴するかのように舞台の日章旗が鮮やかに浮かんでいる。だが私にはよく見えない。涙であろうか、目がかすむのである」（抜粋要約『戦争と外交』加瀬俊一著　読売新聞社）

**【吉田首相の精進】**――吉田首相は講和が決まると、好物のタバコをふっつりとやめ、酒も一切断ち、重大決心で独立の準備に入った。調印式が無事に終わると、宿舎には米国のアチソン国務長官から極上の葉巻が手紙とともに届いていた。そこには、「何十日も好物の葉巻を絶っていたそうですが、めでたく講和条約の調印がなった今では大いに召し上がっては如何ですか」という洒落《しゃれ》た伝言が添付されていた。行き届いた配慮に吉田さんも感に堪えない面持ちであった。

（福永健司談『回想十年』吉田茂著　新潮社）

**【セイロン代表の日本支援演説】**――セイロン政府のジャエワルデーネ蔵相は、対日講和について次のような賛成演説を行った。

「アジア諸国民が日本が自由（独立）であるべきであるということに関心を持つのはなぜであろうか。それは日本とわれわれの長い関係のためであり、アジア諸国民の中で日本だけが強力にして自由（独立）であり、アジア隷従人民が日本を保護者、盟友として見上げていた時に日本に対して抱いていた高い尊敬のためである。私はアジアに対する共栄のスローガンが隷従人民にとり魅力があったこと、そしてビルマ、インドネシアの指導者のある者が画することにより彼らの愛する祖国が解放されるかもしれないという希望により、日本人と同調したという前大戦中に起こった出来事を想起することができる」（抜粋要約『回想十年』吉田茂著　新潮社）

**【グルー氏の親日】**――グルー氏は戦前十年にわたり駐日大使を務め、戦前は日米戦争の防止に苦心し、戦時中は日本への講和条件の緩和に配慮してくれた米国の外交官である。外務省の加瀬俊一氏はサンフランシスコ講和会議の終了後、ワシントンのグルー邸を訪ねた。すると部屋に（天皇陛下が開戦直後、秩父宮妃殿下を通じて贈られた）記念のあの宝石箱が飾られていた。グルー氏は、「あの時以来、妃殿下の思し召しに感謝して名誉の場所に飾っておきました」と述べた。（要約『あの時「昭和」が変わった』加瀬俊一著　光文社）

**【吉田首相の挨拶】**――吉田首相は羽田に帰着すると次のような挨拶を行った。

「ここに平和条約、安全保障条約の調印をみるに到ったことは御同慶の至りである。各国の態度は国民諸君が想像せられる以上に好意的であり、わが国に対する期待が大きいことを痛感した。

特にアチソン国務長官がこの条約により世界における障害は日本国民のみが除き得る、日本人が理解と寛大と根性を持って他国と行動することを要望する旨述べたのは、日本人に対する信頼と和解の精神より出でたものと思う。われわれの責任も重要である。条約の履行はもちろん、列国との理解を高め、列国の期待に背かないことに注意することが新日本再建に資する所以《ゆえん》であると信ずる」（要約『回想十年』吉田茂著　新潮社）

日本の独立を祝う昭和天皇の御製。

「風さゆるみ冬は過ぎてまちにまちし　八重桜咲く春となりけり」

「国の春と今こそはなれ　霜こほる冬にたへこし民のちからに」

**【GHQ帰国者の感慨】**――米国に帰国するある高官は、日本は長い歴史を持つ国だから、独立すればわれわれに破壊されたものを復旧してゆくだろう、と述べたという。しかし復旧は未完である。それどころか破壊されたことに気づいてもいない。大油断である。

**【独立と軍事裁判被害者の救済】**――翌一九五三年に再独立した日本政府の最初の大きな仕事は、軍事裁判により各国で虜囚となっている日本人の救出であった。全国から四千万の署名が集まり、国会は全員一致で被害者の名誉回復を決議した。生存者については各国に働きかけて、帰国や刑を軽減させるなどの交渉を進めた。国内では犠牲者の遺族に年金を復活させ、復権処置がとられた。釈放された重光葵《まもる》は外務大臣になり、A級戦犯容疑者の岸信介（安倍晋三首相の祖父）は後に総理大臣となった。しかし、米国は大歓迎した。世界はすでに大きく変わっていたのである。東京裁判が本当の裁判ではなく政治裁判であったことがよく分かるだろう。戦犯は存在しないのだ。

**【苦節十年、兵士の帰国】**――――一九五五年、戦後十年間もニューギニアの深い密林に隠れて暮らしていた日本軍人四名が、戦友の遺骨を抱いてようやく帰国した。『私は魔境に生きた』島田覚夫著（光人社）から抜粋要約する。本書は戦後の情報途絶の中で絶体絶命の苦境にありながら、真心を忘れずに協力して生き抜いた日本人青年たちの記録として貴重である。若い人はぜひ一読していただきたい。

筆者（航空整備兵）らは米軍の激しい攻撃に散り散りとなり、現地人でさえも魔境と恐れるニューギニアの深い谷間に迷い込む。そして十年。終戦を知らぬまま、友軍の迎えを待って火喰鳥《ひくいどり》を獲ったり、バナナ農園を作り、野生の猪の仔を飼うなど、必死に食糧を確保し力をあわせて生き抜く。やがて現地人との接触から彼らの存在が現地官憲の知るところとなり、日本への帰国の話が始まった。筆者らは山から降りて海岸の警察宿舎に宿泊する。

**【敗戦を知る】**――――「調査が終わると、日本の敗戦を知らされた。十年間の希望の綱は断ち切られてしまった。信じたくない。あまりのことに呆然として立ち尽くした。頭の中には様々な在りし日の日本の思い出が渦を巻いて荒れ狂った。『やっぱり死んでいれば良かった』。敗戦を知らず戦死した戦友がうらやましい。オランダ人の知事が来て、日本に帰国するように促す。その夜は想いが錯綜し、寝つかれなかった」

**【君が代】**――――「巡査部長が言うので案内されて家に入ると、『おお、聞こえる！』。十年ぶりに聞く懐かしい日本人の声が大きく飛び込んできた。ラジオは吉田首相の外遊を伝えていた。ニュースが終わると、続いて流れ出してきて荘重な曲。『おお！　君が代だ』。期せず四人は声を挙げた。ああ、なんという懐かしい君が代の調べだろう。懐かしき昔の面影が眼前に浮かび、今こそ日本国の存在をはっきりと確かめ得た安堵と喜びに、胸は震えた。静かな余韻を残して曲が終わったとき、不覚にも感激の涙が瞼にあふれてきた。この世に生を受けて三十余年、これほどの感激を持ってこの曲を聴いたことはなかった。次第に人生への希望がわき上がってきた。私たちもまだ日本国民の一員なのだ。祖国は健在だ」

**【遺骨収容】**――――「内地の情勢も分かり帰還の日を待ち望む自分たちは、かつての戦闘地点などを巡って、戦死した戦友の遺骨を集めた。『おい戦友、長らく放って置いてすまなかった。今日こそ俺たちと一緒に故郷に帰るんだぞ』。心の中で彼らの霊に告げると一礼して、発掘を始めた」

**【日の丸】**――――「海岸からランチに乗船、いよいよニューギニアの地を離れ、沖に停泊している帰還船『大成丸』に向かう。やがてカイリル岬を回ると白い船体が視界の中に飛び込んできた。すべてが終わり祖国に帰ろうとしている。祖国の人は私たちを迎えてくれるだろうかと心配になる。『おお、日の丸が見えるぞ』。双眼鏡で見ていた八重樫が大きな声で叫ぶ。船尾にはためく懐かしい日章旗だった。幼児から深く刻み付けられてきたあの日章旗。とくに戦線に身を曝すようになってから十年、籠城中も一時も忘れず待ち続けた日章旗なのである。南海の潮風にはためくこの日章旗を見て、いまさらに日本国の存在をはっきり確かめえた喜びに、思わず感激の涙があふれてきた」

【帰国】――――「『ご苦労様でした』、『ご苦労様でした』。口々に叫びながら迎えてくれる人々、懐かしい日本の言葉、日本人の声、何という懐かしい響きだろう。私はともすれば溢れようとする涙を隠すと、戦友の遺骨を抱きながら感激に震える足を踏み出した」

## 盗まれた独立と課題

【早期独立と感謝】――――一九五一年、日本は運良く独立した。これは日本軍の決死の抵抗で降伏が遅れたからである。降伏がもっと早ければ日本はルーズベルトに解体され、歴史から消えていたかもしれない。また、朝鮮半島のように分断されていたかもしれない。あらためて特別攻撃隊を含む二百三十万柱以上の尊い英霊に深く感謝したい。

**【独立はしたが】**――――しかし日本の独立は対外的にすぎず、国内的政治は占領時代のままであった。それはフランスと違い、民族主義勢力が政権を取り戻せなかったからである。せっかくの独立が盗まれてしまったのである。このため、日本を解体する占領政策が続行された。

重大なことは、独立国にとって一番大切な「愛国精神」が抑圧されたままであることだ。独立を喜んで、高知県の小学校長が戦前のような全校生徒登校の祝日行事を行ったところ、左翼に非難されたという。国民は自由になったのに、占領時代の反日宣伝にまだ騙されていたということである。戦前の祝日行事を取り戻さなければならない。

次に大切な「国態基本政策」の回復が行われず、逆に破壊が深化し、生態の連続性と連帯性が失われていることである。これは五つの国態基本政策を挙げてみると、どれも思い当たると思う。すなわち、天皇崇敬、先祖崇拝、国民国防、家制度、教育勅語だ。みな衰退している。

対外的にも国防制度がないので、領土や国民が侵略されても反撃できない。独立したというのに経済発展にばかり目を奪われ、独立国家の体を成していないのだ。

**【占領利得勢力】**――――これはもともと公職追放で利権を得たものが、拡大再生産されたものである。日本人は本来の権力を回復したのだから、フランスのように占領中の敵協力者を処罰し、破壊制度や組織を廃止すべきだった。それなのに放置したため占領利得勢力が居座り、逆に国民を裏切る破壊政策を続行することになった。これに敵性外国が資金を与えて支援している。

占領利得勢力は、政財界、司法、文化教育、マスコミなど広範に分布している。先頃、文科省次官が反日リベラルと分かり国民は驚いたが、これが個人ではなく組織の人脈であることを知ると、さらに恐ろしい。最近、吉田松陰など民族主義の偉人を教科書で教えない動きが始まっている。子供たちから民族の記憶を奪うためだ。

これは次世代の日本人の奴隷化だ。占領破壊の継続である。民族の歴史は無条件で守らなければならない。

**【国民を覆う黒い布】**――占領利得勢力は独立後、都合の悪い情報を国民に知らせないために、マスコミや学会を使って情報の私的検閲を行い、国民の目、耳、口を覆った。いわゆる閉ざされた言語空間の形成である。そして反日価値観、反日言動が推奨され、愛国者の事績や言動は公開されず、民族主義の研究者は迫害され大学に就職の機会を与えられない。それなのに政府は国民を守らない。これはなぜか。

**【反日マスコミの政府誘導】**――政治家は選挙の評判を気にするので、巨大な広報力を持つマスコミに負けて、国民を見ない。このため日本の政治は、マスコミの世論調査などにより政治を誘導されることになった。その結果が占領利得勢力の占領政治の続行だ。これは政府が独自の広報手段を持たないからである。国営放送が不可欠だ。

**【生態の衰退】**――――このため日本は独立後、米国市場の開放や優れた商品の開発で経済発展には大成功したが、生態を守ってきた国民が世代交代で減り始め、社会が劣化し、生態に陰りが見えてきたのである。

**【国防問題】**――――しかし、戦後リベラルが隠せない政策がある。それは国防だ。外国は日本がどんな憲法を持とうと関係ない。弱ければ攻撃し滅ぼす。問答無用だ。そんな弱肉強食の世界で戦後の日本はクラゲのように漂ってきたが、許されるわけがない。たちまち食いちぎられる。実際、横田めぐみさんなど日本の子供がさらわれ、尖閣列島や竹島が侵犯されている。しかし弱い政府は国民に被害を隠すことしかできなかった。

陸上自衛隊（ＨＰより引用）

**【国防の意義】**――――あらゆる国民にとって、国防は領土、国民の生命保全そのものであり、共同体成員の連帯という基本価値観を確認する国民精神の背骨である。このため、日本人にとり国防の確立は無条件で必要であるが、占領利得勢力は真の独立により利権を失うのを恐れて妨害する。また、日本を狙う外国も当然、妨害する。日本を滅ぼすことができなくなるからだ。

**【米国の再軍備要求と吉田の抵抗】**――米国は極東で冷戦の緊張が始まると米兵の損害を恐れ、身勝手にも「アジアはアジア人に守らせろ」という声が上がった。そこで米国は日本軍の利用を考えた。一九五〇年、ダレス国務省顧問は朝鮮戦争直前に来日し、吉田首相に戦前を上回る常備軍三十五万の本格再軍備を要求した。しかし吉田首相は朝鮮派兵を恐れたので、日本は経済力の不足や占領憲法により自衛権がないなどと詭弁を弄し、マッカーサーまで利用して必死に拒否した。ダレスは帰国すると、吉田の自衛権を自ら否定する論理に、まるで不思議の国のアリスになったようだったと述べたという。

**【再軍備拒否の真意】**――米国の担当者コワルスキーは当時の日本側担当者との対談を次のように回想している。

「米国が兵器や装備の大きな費用を負担しようという気になっているときに、なぜ貴国は防衛兵力の増強を拒否するのですか」。すると日本側担当者は、「朝鮮戦争が終わるまではしません。吉田さんは、支那事変で日本軍が大陸にはまり込んだことを思い出すたびに身震いするのです。日本が三十万の軍隊を持ったら、米国の影響力下にある国連は十万の日本軍人を朝鮮に送るよう要請してくるでしょう。そうなればいつ撤兵できるか分かりませんからね」と答えた。（抜粋要約『吉田茂とその時代』ジョン・ダワー著　ＴＢＳブリタニカ）

なお、米国マッカーサー記念館の吉田評はオッドマンであるというが、これは「奇人変人」という意味である。しかし吉田茂は国家の自衛は当然と考えていたので、晩年は核自衛を主張した。国民は吉田首相の真意を誤解しないようにしたい。

**【警察予備隊の矛盾】**――――一九五〇年、日本政府は、在日米軍の朝鮮出兵に伴い、日本本土防衛のために日米安保を締結し、国軍の代わりに警察予備隊を創設した。

この時、元軍人の服部卓四郎（元大佐、大本営参謀）らは、西独の再軍備の動向から、日本の再軍備に備えて旧軍の人材を用意していた。西独は旧独国防軍の軍人を使って国軍を再建した。

しかし吉田首相は、警察を選んだ。これは左翼勢力の反対を恐れたのかもしれないが、軍隊と警察は異質である。この矛盾が日本の国防に現在まで尾を引くことになった。このため警察予備隊の後身である自衛隊は今も〝警察が管理〟している。だから、自衛隊では大佐を一佐と呼び、歩兵を普通科と呼ぶ。軍事用語を避けるのだ。国民騙しであり、まったく馬鹿げている。

**【池田・ロバートソン会談】**――――一九五三年十月、自由党政務調査会長・池田勇人《はやと》は訪米し、ロバートソン国務省次官補と協議した。米国は共産側の攻撃の危険性を説いて、日本の自衛強化を要求したが、池田は次のような理由で拒否した。

①日本人は米国の占領中に、何が起きても銃を取らないように教育された。その影響を最も受けたのは最初に召集される若者たちである。

②女性、左翼知識人、大切な家族を捧げたのに戦後迫害された遺族、みな再軍備に反対である。

③日本国民に自ら守るのは自分しかないという固い信念を持たせるには相当の時間が必要。
④それなしに多数の青年を徴集すると、共産党の浸透があり政府に銃を向けないとも限らない。
⑤以上から、占領憲法が放棄している軍事召集を行うことは日本では不可能であり危険である。
米国は、自らを責めるしかなかった。（抜粋要約『吉田茂とその時代』ジョン・ダワー著　TBSブリタニカ）

**【ニクソン副大統領声明】**——そこで翌十一月、米政府はニクソン副大統領を東京に送り、日米協会の昼食会で、マッカーサーの憲法九条は誤りであったと公式に声明を出させた。これは戦後の占領軍統治全体を否定する重大なニュースであった。しかし、左翼化したマスコミがこのニュースを大きく報道しなかったのでほとんどの国民は忘れてしまった。

**【七十年の眠り】**——そして半世紀以上が経過した。この間に日本民族主義は押さえ込まれたままで、国態基本政策を巡る状況は悪化した。国防環境も悪化している。

**【外国の工作】**——反日外国は占領憲法をはじめ占領時代の諸制度を利用して、日本の再建を妨害している。国内では政治家からマスコミ、文化界、教育界まで利用し、反日、反日本軍宣伝が激しい。沖縄では分離工作、また各地で国土の買収まで始めており、やりたい放題だ。しかしマスコミが報道しないので、日本人には危機が知らされていない。

**【スパイ工作】**——占領体制では日本の国防が禁止されたので、スパイ天国になっている。

一九八二年にはソ連のレフチェンコ事件があった。米国に亡命した彼が日本人スパイを公表すると、リストには自民党の大幹部・石田博英以下、社会党議員、政財界マスコミの著名人があった。これほど広範囲に反日人士が広がっているのである。なお最近でも、陸上自衛隊最高幹部の一人がスパイで逮捕された。しかし、スパイが共同体への裏切りとして重罰を科せられる外国と違い、日本での罰は軽い。

**【平和と国防はコインの両面】**――再軍備反対勢力の論拠は憲法九条であるが、この憲法はすでに作った米国から誤りと判定されている。戦争は一国でもできるから、戦争放棄のための非武装という論理は成立しない。平和と国防はコインの両面なのだ。

ただ再軍備反対派は、自分の主張の偽善性は知っている。だから外国の軍備には一切言及しない。再軍備反対論者の宣伝を真に受けるとピエロになる。

**【反日本軍宣伝】**――日本の再軍備を妨害するため日本軍についてのでたらめな話が宣伝されてきたが、騙されないことだ。世界に恐れられた日本軍は軍規、戦闘力ともに世界一である。

**【憲法改正の可能性】**――政府は今、危機の深化で憲法九条の改正を急いでいるが、広報不足で時間がない。したがって、憲法改正ができなかったらどうするかを考えておかなければならない。その場合、特例法で再軍備をするのが実際的だろう。もともと民族の生存は自明であり、それを国民投票にかけるのは馬鹿げている。

**【日米安保の限界】**――米国は身代わり被爆はしない。東京の代わりにニューヨークが被爆することはあり得ない。したがって、日本は核自衛するしかない。

**【自衛隊の矛盾と危険】**――なお、国民は自衛隊に軍隊の機能を期待しているが、自衛隊には軍隊に必須の軍法、軍法会議、憲兵隊がない。だから、戦争になると機能しない。たとえば自衛隊員が敵を倒すと、警察に逮捕され地裁で正当防衛を証明しなければならない。世界の軍隊ではまったくあり得ないことだ。政府はこの重大な矛盾を知っていながら、最も大事な国防制度を直せない。これが日本の国防が抱える最大の問題である。国民への広報が必要だ。

**【日本を取り戻す】**――安倍首相がいう日本を取り戻すとは、生態を取り戻すという意味であろう。具体的には国態基本政策を取り戻すという意味である。

**【幸運な日本人】**――今は混乱した状況にあるが、日本人には取り戻すべき日本という成功社会のモデルがあるということは、実に幸運だ。先人に大感謝だ。

**【民族主義の復活】**――内外の重大な危機が表面化し国民の危機感が高まったところに、運よくインターネットによる国民の情報公開が始まった。これにより戦後日本の閉ざされた言語空間が急速に衰退し、長年抑え込まれてきた民族主義感情が伏流水のように表に現れ始めた。これはもう元には戻らないだろう。

今後の日本人の進路は以下の三ヶ条である。

①「自信回復」歴史を知って連続性、連帯性、誇り、自信を回復する。

②「政治の方向性確認」固有の生態に気づいて国態基本政策の回復を目指す。生存第一主義で、リベラルや外国に騙されない。

③「連帯」一人では無力だから連帯する。

**【国旗掲揚】**――――一人でもできる愛国行動がある。それは祝日の国旗掲揚だ。国旗掲揚率は愛国心に比例するから、世界が注目している。

# あとがき

私は小学生時代から歴史好きだったが、社会人になってからタイのカンチャナブリの泰緬鉄道の戦跡を訪ねる機会があった。そしてこの事跡が反日宣伝に使われていることを知り、日本人の立場に立った新しい歴史観をつくる必要性を痛感した。そこで研究してみたが、共通する論理はなかなか見つからない。

そこにソ連が崩壊し、驚くような機密歴史情報が現れた。そこで、スターリンの国際戦略に着目してみると、各事件の謎が解け、相互の隠された関係が見えてきた。ロシアのマトリョーシカ人形のように、支那事変は蔣介石の人形の中にスターリンがいる。日米戦争もルーズベルトの人形の中にスターリンのスパイが隠れているのである。

折からアパの「真の近現代史観」論文顕彰制度（渡部昇一委員長）が始まったので、この新しい歴史観により応募したところ、「真の現代史観」が平成二十年度の社会人部門優秀賞に入賞した。第一席は、田母神《たもがみ》俊雄氏である。その後も「真珠湾から学ぶもの」、「支那事変の真実」、「反日プロパガンダと対応」が入選している。

本書の元となる初版本で、高齢の読者から「まことに同感、わが意を得たり」という感想をいただいた。この方は中野学校卒、元陸軍中尉、関東総軍参謀部のソ連情報担当者で、終戦の年の五月に本土決戦要員として内地に転属したのでシベリア抑留を免れた。今、政府は高校生教育に歴史総合科をつくる。これは日本史と世界史を融合し、近現代を中心に歴史を考察する新科目で、内容は歴史事件や時代の流れを多角的な相関関係から理解させるという。本書の新しい歴史観はそのために役立つと思う。

本書の出版については、今まで初版の読者から「書店でもぜひ売ってほしい」と要望をいただいていたが、なかなか実現しなかった。昨年、佐藤和夫氏の歴史研究会のご縁でハート出版の日高裕明氏の知遇を得て、このたび改訂出版の運びとなった。日高氏は日頃、愛国図書を出版し、危機の時代、国民の啓蒙に努めておられるので、感謝とともに拙著がそのためにお役に立てれば幸いである。

また、編集の実務を担当していただいた佐々木照美氏はじめ本書の出版にあたり協力していただいたハート出版の皆様に深く感謝いたします。

平成三十年三月

落合道夫

この作品は、平成十九年刊
『スターリンの国際戦略から見る大東亜戦争と日本人の課題』
（東京近代史研究所）の改訂版です。

## 落合道夫　おちあい・みちお

昭和18年、静岡県生まれ。北海道大学、国際基督教大学卒業。近代史研究者。専門分野は日本近現代史（大東亜戦争）、政治思想（国態思想、共産主義、ファシズム）。
著作は本書の旧版のほか、アマゾン電子本、YouTube歴史思想講座に多数掲示中。

カバー写真：©Russian Look/ZUMA Press/amanaimages

黒幕はスターリンだった

平成30年３月26日　第１刷発行

ISBN978-4-8024-0053-4　C0021

著　者　落合道夫
発行者　日高裕明
発行所　ハート出版
〒171-0014 東京都豊島区池袋3－9－23
TEL. 03－3590－6077　FAX. 03－3590－6078



印刷・製本／中央精版印刷